東北北部における縄文時代の改葬墓

〈構成／葛西 励〉

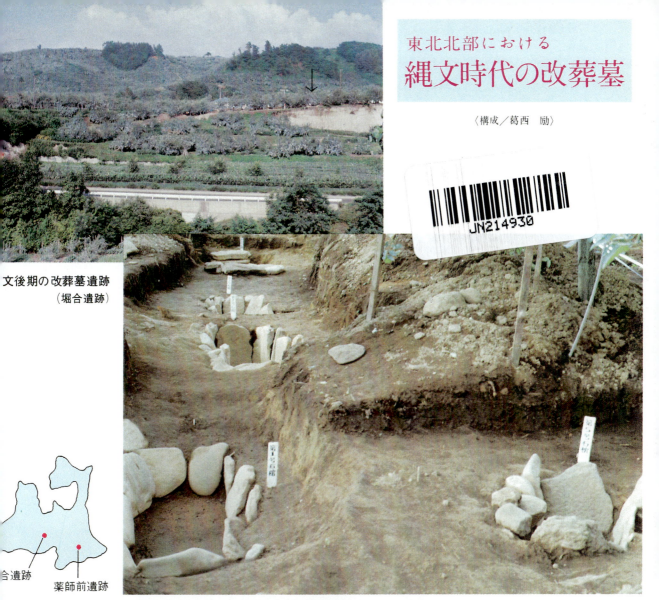

縄文後期の改葬墓遺跡（堀合遺跡）

一次埋葬と考えられる石棺墓群（堀合遺跡）

甕棺の出土状態（薬師前遺跡）

縄文時代後期に東北地方の北部で再葬風習が盛行していたことが、青森県内30遺跡の調査で明らかになってきた。大正7年（1918年）に天狗岱遺跡で、甕形土器に人骨が入って出土したのが最初の発見で、以後同様の例が相継いで発見されている。土器に納入されている人骨は成人のもので、焼骨でないため、他へ一旦仮埋葬し、骨だけを土器に入れて再埋葬したものである。堀合遺跡（写真上）からは、こうした甕棺群に隣接して、箱形の石棺群（写真中）も見つかっていて、遺体はまず石棺に埋葬された後に甕棺に改葬されたと考えられる。1遺跡から甕棺墓と石棺が隣接して発見されている例は他にも認められている。

甕棺は複数で出土することが多く、これまでに分骨葬も考えられてきたが、薬師前遺跡（写真下）では1個に1体が納入されていたことが判明した。人骨の納入については規則性が認められ、多くは頭骨を一番最初に入れてある。これは頭骨に対して特別に霊的存在を感じていたものと考えられる。

犠牲にされた牛と馬　東京都港区伊皿子遺跡

〈構成／金子浩昌・西中川駿〉

○牛の頭蓋は方形周溝墓西溝の北端にある小穴中より出土した

約94㎡四方を調査した結果、2基の宮ノ台期に属する方形周溝墓が検出された。

頭蓋の上に左右の下顎骨を重ねていた

角を切り取るため頭蓋は後頭を切断していた

牛の頭蓋は下顎骨をその上にのせるという、極めて特異な状態で出土した。溝のすぐきわで行なわれた牛を祭る行事の跡なのであろう。おそらく牛は犠牲として殺され、その際角が切り取られ、はずされた下顎を上に重ねたのである。この呪術的な祭祀は、早く中国にあった雨乞いあるいはその他天地の神に犠牲獣をそえて祈るといった行事が日本に農耕の文化とともにもたらされたのであろう。

馬もまた、祭祀の犠牲に供される。この馬の頭蓋と下顎骨は、かまどを前に台の上などに並べられていたのであろう。

西中川・松本・芝田・金子「貝塚以外から出土した動物遺存体」伊皿子貝塚遺跡、1981、港区教育委員会

佐伯有清『牛と古代人の生活―近代につながる牛殺しの習俗』1967

伊皿子牛は山口県見島牛（在来牛・右）とほぼ同大だった。

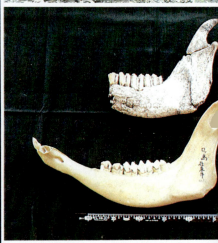

上段：伊皿子牛の下顎骨（吻端を欠くのは？上に出ていたためであろう）、下段：見島牛

国分期（9世紀中頃）の小住居跡から出土したかまどの前に頭蓋と下顎骨が並んでいた。

上顎歯に乳歯がのこる若い個体のもの（左：上顎骨、右：下顎骨）

伊皿子遺跡の見取図

中世の惣墓と氏墓　大阪府高槻市　岡本山古墳群

〈構成／森田克行〉

B地区惣墓（一般の集団墓）

岡本山古墳群は三島地方屈指の墓域内にあり、南平台丘陵の南斜面に大きく展開している。約8ヵ月にわたる発掘調査によって古墳時代〜中世にいたる多くの墓を検出した。とくにB地区では400基近い土壙墓（12〜14世紀）が群集していた。またC地区では2層に重なって、土壙と五輪塔を中心とした70基あまりの墓（13〜14世紀）が密集していた。近くにある宮田遺跡の集落との関連が想起される。

写真提供／高槻市立埋蔵文化財調査センター

C地区氏墓（有力家族の累世墓）

武蔵国分寺址 出土の仏像

〈構成／滝口　宏〉

武蔵国分寺址の最近の調査で、南北に延びる道路状遺構からほぼ水平の状態で1体の仏像が発見された。像高 28.3 cm、仏身は左肘より先と右手指および天衣の一部が失なわれているほか、ほぼ完形を保っている。胸部以下を華麗な瓔珞で飾っているが、こうした形式は中国の北斉、北周、隋の菩薩像によくみられる特徴である。製作年代は7世紀末から8世紀前半とみられ、国分寺造立当初のものか、場合によってはそれ以前であった可能性も考えられる。（本文83頁参照）

〈写真提供／武蔵国分寺遺跡調査会〉

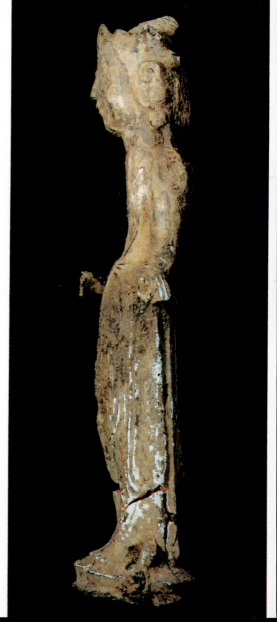

季刊 考古学 第2号

特集　神々と仏を考古学する

●口絵（カラー）　縄文時代の改葬墓
　　　　　　　　犠牲にされた牛と馬
　　　　　　　　中世の惣墓と氏墓
　　　　　　　　武蔵国分寺址出土の仏像
　（モノクロ）　破砕された銅鐸
　　　　　　　　人面墨書土器の世界
　　　　　　　　古墳時代の祭祀遺跡
　　　　　　　　　　1.愛媛県出作遺跡
　　　　　　　　　　2.豊中市利倉西遺跡

座談会・宗教考古学のイメージを語る
　　　　　　　　　　乙益重隆・網干善教・坂詰秀一　*(14)*

考古学よりみた宗教史
　縄文時代の信仰————————————上野佳也　*(23)*
　弥生時代の信仰————————————神澤勇一　*(26)*
　古墳時代の信仰————————————岩崎卓也　*(29)*
　古代の信仰——————————————黒崎　直　*(32)*
　中世の信仰——————————————山県　元　*(35)*
　近世の信仰——————————————藤田定興　*(38)*
　北の信仰————————————————宇田川洋　*(41)*
　南の信仰————————————————上村俊雄　*(42)*

宗教考古学の諸相
　神　　道————————————————佐野大和　*(44)*
　仏　　教————————————————坂詰秀一　*(49)*
　道教的世界——————————————水野正好　*(52)*
　修　験　道——————————————時枝　務　*(55)*
　キリスト教——————————————賀川光夫　*(57)*

信仰の対象
- 山の信仰 ———————————— 大和久震平 (59)
- 海の信仰 ———————————— 鎌木義昌 (61)
- 土地の信仰 ——————————— 乙益重隆 (63)
- 池と沼と湖の信仰 —————— 亀井正道 (65)
- 空の信仰 ———————————— 椙山林継 (67)

外国の宗教考古学
- 中国の宗教考古学 —————— 菅谷文則 (69)
- 朝鮮の宗教考古学 —————— 西谷 正 (73)

◆口絵解説
- 古墳中期の祭祀遺跡——愛媛県出作遺跡 ———— 相田則美 (95)

最近の発掘から
- 奈良時代の特殊な墳墓　大阪府太子町伽山遺跡 ———— 山本 彰 (81)
- 仏像と仏像鋳造址　武蔵国分寺址・上総国分寺址 ———— 滝口 宏 (83)

連載講座 古墳時代史
- 2. 祭祀と王権 ———————————— 石野博信 (85)

講座 考古学と周辺科学 II
- 宗教学 ———————————————— 後藤光一郎 (91)

- 書評 ———————— (96)
- 論文展望 ——————— (98)
- 文献解題 ——————— (100)
- 学界動向 ——————— (103)

表紙デザイン／目次構成／カット
／サンクリエイト・倉橋三郎

破砕された銅鐸　兵庫県久田谷遺跡

この銅鐸片は、兵庫県北部の城崎郡日高町久田谷において、1978年5月、ほ場整備の工事中発見されたもので、発見時の話によると、1ヵ所に集めた状態で埋められていたようである。出土地点の周辺は、事前の確認調査によって、弥生時代後期を中心とした遺跡の存在が確認されており、銅鐸はその東端から出土した。

銅鐸片は、117片、総重量約7.7kgあり、鈕、鰭、飾耳、鐸身の各部を含んでいて、いずれも捩れや歪みがみられる。破口には錆がみられ、工事中に壊されたものでないことがわかる。銅鐸は、その文様などから終末期の近畿式銅鐸であり、推定1m20cm前後の大型のものであったと思われる。恐らく全体の1/3か1/4程度の破片が出土したのだろう。なおどんな目的、方法で壊したかについては、今後の資料の増加と研究に委ねられる。

出土した銅鐸片（鈕、鰭、飾耳の部分）文化庁保有

構　成／加賀見省一
写真提供／日高町教育委員会

弥生後期溝出土土器

久田谷遺跡の全景（西から東をのぞむ）

人面墨書土器の世界

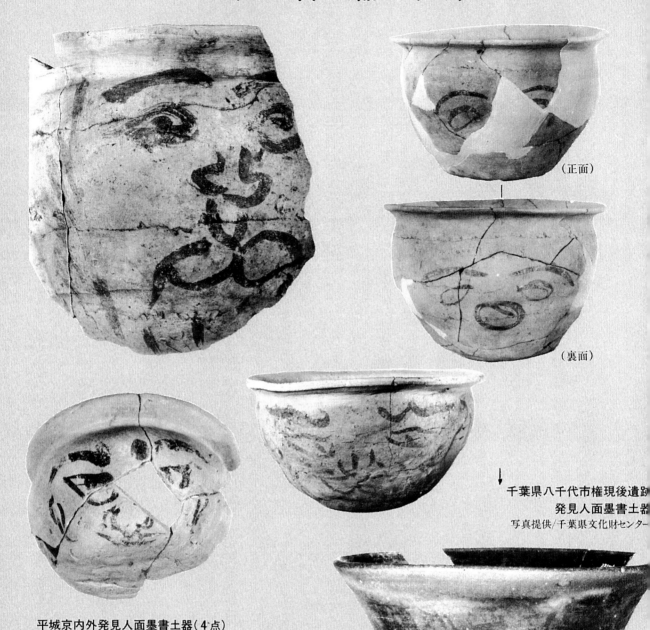

（正面）

（裏面）

↓ 千葉県八千代市権現後遺跡
発見人面墨書土器
写真提供／千葉県文化財センター

平城京内外発見人面墨書土器（4点）
写真提供／奈良国立文化財研究所

　人面墨書土器には種々の相がある。畿内や大宰府、多賀城など8・9世紀の律令官衙では、小壺の周囲におどろおどろした人面を2面、3面と描く例が水の道々から発見される。この人面、実は胡神であり蕃神である。酔胡王・従の布作面の顔と共通するのもその故である。奈良朝の貴人は、胡神・行疫神である蕃神を壺に描き、壺口に紙を貼り紐して内に邪気・穢気を封じ、大祓に当り流しやり身の甦りをはかっているのである。「延喜式」「西宮記」などが間接にこうした土器の用法・目的を語るのである。

　ところが最近、注目すべき人面墨書土器が発見されつつある。千葉県権現後遺跡では外側面に人面を描き、横に村神郷丈部国依甘魚（贄）と記した坏が発見され、静岡県伊場遺跡では人面を描き下に海部屎子女形と墨書した坏が発見されている。疾病なり悪霊を祓う人名がたどれるのである。また愛知県岡崎市矢作川遺跡では奈良朝から中世に至る多量の人面墨書土器が発見され、その脈々たる流れと祓所の存在が推測されて注目をひいている。

構成／水野正好

古墳時代の祭祀遺跡 1
愛媛県出作遺跡

愛媛県伊予郡松前町の出作遺跡は古墳時代中期の祭祀遺跡である。全長約9m、幅約4mの大規模な遺構を含む3ヵ所の祭祀遺構と、それらを囲むように分布する小規模な土器群のほか、住居址、木棺墓各1が存在する。祭祀遺構は土師器、須恵器、石製模造品、鉄製品など膨大な量の遺物で構成されており、その内容から祭祀の対象は水にかかわる農耕祭祀の儀礼と考えられている。（本文95頁参照）

構成／相田則美　写真提供／松前町教育委員会

祭祀遺構SX03　ほぼ完形の土師器のみ約200点が出土した

土師器壺（SX01出土）

須恵器壺（SX02出土）

須恵器高杯（SX01出土）

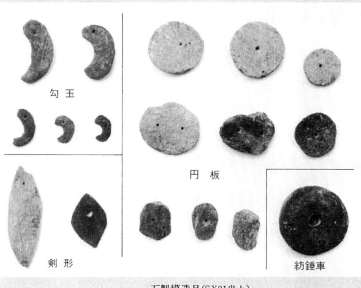

勾玉　円板　剣形　紡錘車

石製模造品（SX01出土）

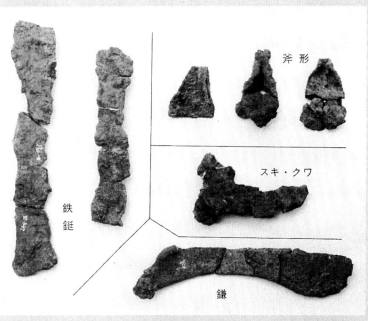

斧形　スキ・クワ　鉄鋌　鎌

鉄製模造品（SX01出土）

出土した古式須恵器類

集積された古式須恵器と木製品の出土状況

古墳時代の祭祀遺跡 2

豊中市利倉西遺跡

大阪府豊中市利倉西遺跡は西摂平野の東部、猪名川が大きく蛇行し、流れを変える下流域左岸の先端部に立地する。周辺には北方から田能遺跡、勝部遺跡、穂積遺跡、庄内遺跡など著名な遺跡が半径2km以内に点在する。調査は昭和52年12月から翌年の7月にかけて実施し、多くの遺物が出土している。検出した遺構は弥生時代後期から平安時代に及ぶものである。その中でもとくに注目されるのは古墳時代の遺構群で、製塩土器・古式須恵器・土師器・玉類を伴出する土壙、玉類を伴う底部穿孔の埋甕、古式須恵器の破片を集積したブロック群など、特異な遺構が目立つ時期の遺跡である。

構成／柳本照男　写真提供／利倉西遺跡調査団
遺物写真撮影／園田克也

製塩土器、古式須恵器、土師器を伴う土壙から出土した玉類（白玉・管玉・有孔円板）

古墳時代後期の埋甕

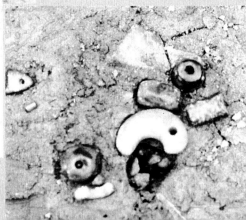

埋甕内から出土した玉類

季刊 考古学

特集
神々と仏を考古学する

特集●神々と仏を考古学する

座談会 宗教考古学のイメージを語る

乙益重隆・網干善教・坂詰秀一
國學院大學教授　関西大学教授　立正大学教授

宗教考古学の意味

坂詰　「宗教考古学」は日本ではまだ一般性を持っていない用語ではないかと思います。仏教考古学であるとか，神道考古学はそれぞれに研究の歴史があり，仏教考古学では石田茂作先生，神道考古学では大場磐雄先生が先駆的なお仕事をされ体系化されています。

それに対して「宗教考古学」は耳新しいわけですが，ヨーロッパにおきましては古くより聖書考古学の代名詞的な用語として使われています。"宗教とは何か"という問題については一般的には有名なティーレの「宗教とは神と人との関係である」という定義でありましょう[1]。神と人間との相関関係というところから"宗教"という意識が発生した，とすれば当然，人とのかかわり合いにおきまして，人が作り，用いた物にそれが反映されていると考えられますし，それが歴史的な存在物であるとすれば，考古学は物の研究を中心にしていますから，その物に形而上的な痕跡が投影された形而下の遺跡・遺物として把えられると思います。そうすれば当然のことながら，宗教の考古学は成立することになります。

ヨーロッパに宗教考古学があるから日本にもなければならないというわけではありませんが，現実の問題として，ヨーロッパの宗教考古学の内容と，わが国の神道，仏教両分野の考古学とは異質的な面が多いかと思います。

そこで宗教考古学のイメージについて，乙益先生より口火を切っていただきたいと思います。

乙益　宗教考古学とは何ぞや，と概念規定を迫られたとすれば，それは「考古学的な遺跡・遺物

乙益重隆氏

の宗教学的研究」という面と，「遺跡・遺物にあらわれた宗教的現象，あるいは信仰現象の考古学的研究」という両面があると思います。いずれも同じことですが，それは主体性のあり方によってちがいを生じるのではないでしょうか。

例えば，特定の宗教が宗門宗派に至るまで完成し，確立した段階の遺跡・遺物を研究対象とする場合には，やはり宗教学的な立場から研究しなければならないと思います。そうではなく，ただ漠然とマジカルな信仰現象を遺跡・遺物の中から求めるとすれば，どうしても考古学が主体性をもって研究しなければならない。その場合も必要によって民族心理学とか社会学とか，いろいろな関連学問との接点の中から総合的に把握されるべきものであろうと考えます。

網干　大変難しい問題ですが，日本の仏教考古学とか神道考古学というものと，ヨーロッパの宗教考古学，ことに聖書考古学で代表されるものとは性格がちがうと思います。というのは，ヨーロッパの聖書考古学は聖書に語られているキリスト教の遺跡を考古学的な検証によって確かめていくという

網干善教氏

ことが主流をなしてきたと思います。

ところが日本における仏教考古学なり神道考古学はそういうものではないという考え方があります。仏教考古学に例をとりますと，研究の対象を寺院の伽藍配置や寺院に使われている瓦の研究を

するとかいうことが仏教考古学であり，祭祀遺跡を調べることが神道考古学であるという理解の仕方がなされていると思うのです。

私は宗教考古学——仏教考古学や神道考古学を研究する場合，坂詰さんがいわれた"宗教とは何か"という問題を考えなければならないと思うのです。宗教学なり宗教社会学という分野を踏まえなければ本質的な問題に迫ることができないと思います。

例えば呪術的なもの——これは非常に幅が広く，そして抽象的なものですけども，呪術というものが果して宗教なのかどうかという問題も検討してみる必要があります。原始宗教学におけるアニミスム（animisme）とナチュリスム（naturisme）という問題もふくめて宗教学の問題とかかわってくる分野が非常に多いわけで，自分の研究の領域を，そういうものまで広げていった基盤の上で考えなければいけないと思います。

仏教の場合でいいますと，仏教的な事象というものは仏教の経典に示された思想なのです。だからその仏典の内容がよく理解されなければ，仏教にかかわる事象は理解できないという面があると思うのです。

デュルケム（Émile Durkheim）の『宗教生活の原初形態』（原題 Les Formes élémentaires de la Vie religieuse, Le Système totémique en Australie, Paris, 1912）という本（岩波文庫）を読んだことがありますが，そういう宗教社会学を理解して，その上で考えていこうとするような方法も必要ではないかと思います。

坂詰 ヨーロッパにおいて宗教考古学の代表とされています聖書考古学は，聖書そのものの追跡ですが，それに対して日本の場合には物がまず出てきた。その物の解釈を仏教の場合ですと経典に求めていくというようにプロセスがちがっているといえましょう。

坂詰秀一氏

宗教学のイメージですと，形而上学的なものがポッと出てまいりまして物が浮んでこないですね。遺跡・遺物を宗教的な立場で考える，それが宗教考古学の一つの方法であろうと思いますが，その場合にも常に宗教の本質は何か，宗教そのものの根源は何か，それがわからなければ遺跡・遺物に反映されているものはわからない……。

網干 宗教とは何か，仏教とは何か，神道とは何かといったことをたえず心がけておかなければいけない。

乙益 一方では個別的な，あるいは時代別，また分野別の研究になると，宗門宗派の細かい分野にいたるまで，一応の基礎知識が必要だと思います。それはたとえ特定の宗教でも宗門宗派によって修法具までちがったりするからです。

宗教考古学の内容

坂詰 ヨーロッパでは宗教考古学イコール聖書考古学という傾向があるのではないかと思うのです。しかし，アジアでもかつて江上波夫先生がネストール教（景教）関係遺物の考古学的研究を試みられた例もありますね[2]。南アジアでヒンドゥー教の考古学とか回教の考古学といった場合には，祠堂であるとかモスクを個別的に扱っていますけれども，それはヒンドゥー教考古学，回教考古学というカテゴリーの研究とはちがいますね。

網干 私たちがいま日本で試みている神道考古学とか仏教考古学の研究というイメージと聖書考古学，いわゆるキリスト教考古学とでは同じ宗教考古学の範疇ではありますが，考えているイメージは大分ちがうと思うのです。

具体的な例ですが私自身いま瓦経のことに関心をもっています。これは平安朝末期の頃に経典を書写した考古学的遺物です。そういうものを考古学の対象として取り扱うときに，一体どこまで究明すべきなのか。瓦経に書写された経典を同定する。そこまでが仏教考古学の研究領域なのか。さらにその経典を同定し復元していくことによってそれが宋版を書写したものであるのか，あるいは高麗版大蔵経と同じ版本によっているのかというところまで発展させる。さらに平安朝末期の仏教のあり方や仏教思想を考え，鎌倉仏教の成立の意味を考えてみる。そうした課題まで至って仏教考古学の意味があるのではないかと考えるのです。

ここからここまでが仏教考古学，それから先は仏教史，仏教思想史の分野ときめつけることは非常に難しい。瓦が出土した。これは寺院に使用されていたものだ。そこで瓦の系譜をたどってみて，新羅系だ，百済系だといっていることが果して仏教考古学であるのかどうかということに疑問をもちます。

乙益　神道考古学の場合でも同じようなことがいえると思います。まず神道は仏教のように初めからはっきりした教義・教理が整っていたわけではありません。最も原始的な段階では自然崇拝，あるいは自然現象崇拝ともよばれるように，自然界そのものの中に絶対的な神を意識し，これを拝む。むしろ最初は，恐ろしいものに対して恐れ拝むという形が一番古い姿ではないかと思うのです。それがしだいに幸福を乞い願う信仰に発展する。これにともなって教えが生じてくると思うのです。

　それがやがて信仰の対象が決まるようになると，いろんな形があらわれます。すなわち，自然神もあれば自然現象神もあり，人格神もあれば，中には人工的につくり出したものを拝む場合もあります。だから信仰のあり方は必ずしも一様ではありません。それだけに考古学的な遺跡・遺物の中に，神祭りのあり方をもとめる神道考古学ではいろいろと解釈のつかないものが生じるのです。

坂詰　仏教考古学と神道考古学は基本的に視点がちがうと思いますが，その場合ヨーロッパでいう聖書考古学ともちがいますね。聖書考古学，神道考古学，仏教考古学は対象がそれぞれ異なっているように，その方法もちがっているのではないか。それを引っくるめて宗教考古学という形でわれわれが考える場合，その共通点は物に反映されている形而上の意識の痕跡の究明であるということになってしまうのではないかと思うのです。

網干　そういうことです。

乙益　日本では中世になると信仰の内容が本来仏教なのか，神道なのか，道教なのかわからなくなるものです。どこからどこまでが神道，どこからどこまでが道教，またどこからどこまでが仏教だと称して選り分けることができないのです。つまりそういうあり方が中世信仰です。だから江戸前期の水戸藩や明治政府が“廃仏毀釈”を厳しく実施したのも，神道の純粋性を保つことにあったわけです。だから信仰とか宗教とかいっても時代によって教え方もちがうし，それに対応する遺跡・遺物のあり方もちがってくるということです。

網干　それともう一つ私たちが考えなければならないのは，例えば弥生時代の遺物を考えるなかで「銅鐸祭祀」という用語が安易に使われていますけれども，あれは言葉の意味からすれば間違いだと思うのです。また，最近各地で人面土器が出土していますね。それらが宗教考古学なのかどうかという問題もあります。出土遺物のなかに何かわからないものが出てきますと祭祀だ，呪術だとし，宗教考古学の分野だという安易な解釈が出てくると困ったことになると思います。

坂詰　かつて八幡一郎先生が『人類学先史学講座』13・14に「日本先史人の信仰の問題」をお書きになっておりますが，あの頃と現在と本質的にはあまり進んでいないのではないかという気がするのですが……。

乙益　そうですね。八幡先生がお書きになった段階から本質的にはそれほど発展はないと思います。ただ，遺跡・遺物やその他具体的な現象面では確かに資料はふえています。ところが事物の解釈の面ではむしろ今日の方がかえって百鬼夜行みたいで，簡単に整理がつかないのではないでしょうか。

　例えば銅鐸の祭りにしても，銅鐸を使ってどんな祭りをしたのか，またあれを釣鐘のようにして鳴らしたのだろうというんですが，こうした無形の動作ということになるとさっぱりわかりかねます。そこにどういう目的が盛られていたのか，そしてそれを鳴らすときに鳴らす回数があったかもしれないし，あるいはそんなものではなく，ただ音響だけを神秘的なものとして拝んだのかもしれません。もしそうだとすると，まったく異なった銅鐸型土製品や木でつくったものなどは何だったのかということになります。

　そうなると，具体的な物的資料の上にあらわれた観念の世界を解釈する段になると，なかなか困難ということになります。そして推測の度が過ぎると想像になり，想像があまりにも進むと空想になるというおそれがあります。そんなときには科学的な冷静な目で他の類例と比較研究する必要があるのです。そこで宗教学の中でもとくに“比較宗教学”という分野が大きく取り上げられてくるのです。こうした広い視野のもとに検討していくことによって，最も合理性のある解釈が施されるということになるのです。

網干　フランスの宗教社会学者であるデュルケムは『宗教現象並びに宗教の定義』に「観察によって知り得る最も原始的で単純な宗教が何であるかを探すには，まず宗教を何と解するのが妥当であるかを決定せねばならぬ。そうでないと何ら宗教的なものを持たない観念と行事との一体化を宗

教とよんだり，あるいはその真の性質を認めえずして宗教事実を傍に放擲してしまうおそれがある。かかる危惧が決して架空なものではなく，また断じて無益な方法論上の形式主義の犠牲となるものではないことを示すものである」（古野清人訳）と書いています。

私のいうのはそういうことなのです。宗教行事とかかわりのないものまで間違ってそれが「祭祀」という非常に漠然とした抽象的な言葉で包括され，それが宗教だと早合点してしまうような傾向があるのではないかという危惧があるのです。

坂詰 私は宗教考古学の視点の一つは教祖あるいはそれに類するものの存在が認められ，それに伴って教義があれば対象の一であろうと思います。また，それらが認められず，自然現象であるとか超人間的な理解の現象の場合にも，それを扱う分野もあるので，例えばそれを"原始宗教考古学"とでもして考えておく必要があるのではないかと考えています。

乙益 一定の宗教が確立してからのものを考古学的に研究する場合と，宗教確立以前の問題を研究するばあいには明らかに方法論にちがいがあることは申すまでもありません。とくに宗教以前の信仰の研究は，わが国でも断片的ながら行なわれてきたものです。

坂詰 従来は先史信仰という立場で考えられてきているわけですね。

乙益 そうです。

坂詰 最近はかつての広い視野より先史信仰を考えるという傾向よりも，日本で出てきたものを日本の地域研究の中で考えていくという方向が見られますね。それが銅鐸祭祀の一つの解釈論にもなっているのではないでしょうか。

また最近は千葉県国分寺台遺跡や岡山県百間川遺跡のようにウシの首を埋葬した遺跡であるとか新しい資料がどんどん出てきています。それがすぐに宗教考古学という範疇に入るかどうかという問題もあるかと思うのです。

乙益 縄文時代の遺跡や遺物を考えてみた場合にも簡単に，常識的に解釈できないものはすべてマジカルなものとしています。ところがそのマジカルなものはどんなマジカルなものか，ということになるとみんなが答えられない。そこで想像に走ってしまうおそれが生じます。

以前『神道考古学講座』1に「弥生時代の遺跡にあらわれた信仰の形態」を書きましたが，その時一番迷ったことは，遺跡におけるいかなる現象が祭祀のあとであるかということでした。

例えば北部九州の甕棺や土壙墓の群集する地帯では時おりトレンチ状の溝が乱雑に掘られ，何故かその溝内から祭祀に用いたとみられる手づくね土器や丹塗磨研の美しい壺や器台などが出土します。しかもそれらの土器は意識的に打ち割られ，棄てられているのです。おそらくそれらの遺構は祭祀関係遺跡とはいえても祭祀遺跡そのものとはいえません。しかし最寄りのどこかで祭りが行なわれたことだけは確かです。おそらく打ち割られ，捨てられ，埋められた祭器は神に捧げたものであるため，二度と使用しないという意味で破壊したものとみえます。また銅鐸や銅矛・銅剣・銅戈の出土状態についてもいえることで，大事な青銅製品を何故土中に埋めたのか。それらの埋納状態には何も共通的な条件は見当らないのです。

同じようなことは，弥生時代における祭祀に供したと考えられる遺物についてもいえます。大阪府四ツ池では木製の鳥が出土していますが，一体それは何の目的でつくられ，用いられたか。また静岡県登呂遺跡や奈良県唐古遺跡などでは木剣や木刀が出土していますが，これも何のためのものなのかほんとうのことはわからないのです。一体弥生時代の人びとはどんなことを念願したか。当時は農耕社会だから農業の豊作を祈念したんだろうと単純に解するむきもありますが，必ずしもそうとばかりいえるものではなさそうです。銅鐸や銅製武器のように，現代においてすら貴重品と考えられるものを埋め捨てにしたのですから，そこには何かよほど大切なことが祈念されたにちがい

破砕遺棄された土器
福岡県栗田遺跡（『三輪町文化財調査報告書』1より）

ないと思います。

　坂詰　先ほど銅鐸祭祀の問題をちょっとお触れになりましたが……。

　網干　「銅鐸祭祀」という言葉や「墳墓祭祀」とか「古墳祭祀」とか，いま乙益先生がいわれたように言葉が安易に使われていますが，その場合何かの祭祀が行なわれているなかで銅鐸が使われたのだということであれば，それは銅鐸祭祀ではないと思うのです。銅鐸を祭祀の対象としていわゆる物を形而上のものとして信仰していくというのであれば，これは銅鐸祭祀——銅鐸を祭るということだと思うのです。そのあたりが問題だと思うのです。「聞く銅鐸から見る銅鐸へ」という言葉を使っていながらまた「銅鐸祭祀」という言葉が使われている例があります。「聞く銅鐸から見る銅鐸へ」というイメージは宗教ではないのです。

　青銅武器の場合も同じことです。いわゆる非実用的な銅剣・銅鉾が非常に多いことをこれは銅剣・銅鉾祭祀なのだといい切ってしまうけれど，その辺の言葉が曖昧で，それでわかったかのように理解するところに問題があると思うのです。

　坂詰　物の本質とその本質を発揮させるための行為とはわけなきゃならないということですが，それはあらゆるものに対しても当てはまると思います。そういう一つの問題自体が本格的な宗教考古学といいましょうか，教祖，教義を伴わない段階の宗教現象の考古学研究の特性ではないかという気がします。物の本質を考えるという場合，それは個別的なものではなくて，一つの文化なら文化の要素の中にある複数の要素を総括して祭祀の本体を考えることが必要と思われますね。

　かつて大場先生が遺物類を考察される場合に民俗学的な分析方法を取り入れられたり，日本の古典——文献資料を取り入れられたり，広い立場から研究をされてきましたが，最近そのような幅広い研究はあまり見られませんね。

　網干　そうですね。例えば石田先生の『仏教考古学論攷』（1977～78）に収められた論文を読みますと，先生は仏典を読まれ，理解しておられます。その中から仏像であり，仏具，仏教行事などを理解されて，その理解の上に立って寺院や仏具，仏教の行事を調べられているわけですね。だから非常に幅が広く真髄に触れられていると思うのです。ところが安易になりますと，ただ物を並べて形式が変化したとかいうことだけに終わってしま

うのではないかと思うのです。

神道考古学と仏教考古学

　坂詰　神道の場合，大場先生の授業を受けさせて頂いたことがあるのですが，神道考古学の勉強にきたのに神様とか神社の話ばかりでびっくりしたことがあります。しかしそれが研究の基本ではないかといまになって考えています。大場先生は明確に「神道前期」「原始神道期」と古い時代を分けておられますが，広い立場からお分けになっているわけですね。

　乙益　大場先生はたしかに広い視野にたって分けておられます。すなわち，1 神道前期，2 原始神道期，3 文化神道期の3時期です。中でも原始神道期というのは信仰形態の未定着な状態の時代で，単なる呪術行為という程度のものを原始神道としておられます。それは具体的には先土器時代から縄文時代が含まれます。これに対して，信仰現象がある程度神道として確立してくると信仰の対象がはっきりしてくる。例えば神奈備とか磐境とか磐座，池，湖，海，離れ島，峠神とかいうような具体的に対象になるものが把握できる。その段階には文献記録も少ないだけに考古学の最も活躍するところです。そして具体的には弥生時代と古墳時代が含まれます。3の文化神道期というのは仏教伝来などの影響もあって，わが国独自な宗教形態が形づくられて行った時期をいい，具体的には奈良時代以後ということになります。

　大場先生のいわれる祭祀遺跡とか祭祀遺物という言葉は，われわれも簡単にそれを口に出していますが，本当は「祭祀遺跡」というよりも「祭祀関係遺跡」というのが正しいのです。それというのはお祭りをした状態がそのまま残っている例はほとんどないのです。

　例えば福岡県の沖ノ島でさえも神に供献した物を祭りのあとで捨てているわけです。つまり祭り捨てにしているわけです。また一般の祭祀関係遺跡でも，祭りに供した土器その他の遺物は，すべて破壊し土中に埋めています。弥生時代以来，神に供えたものは二度と使ってはいけないという観念があったようです。われわれが祭祀遺跡とよんでいるのはほとんどこうした祭器を捨てた所です。本当は祭祀遺跡と祭祀関係遺跡とは厳密に区別されるべきかもしれません。

　坂詰　網干先生は以前，仏教考古学の本質論を

展開されたことがあります[3]が，現在の学界の状況に照らしてどのようなお考えをおもちでしょうか。

網干　対象が仏教関係のものであれば全部仏教考古学だという安易な理解の仕方が風潮としてあると思うのです。その場合注意しなければならないのは，考古学における仏教の研究が数学の等式にたとえて，左辺に置くとしますと，右辺では仏教の教義，思想が合わなければいけない。

ところがいまの傾向を見ていると，左辺は左辺で計算して，右辺のを計算せずに等式に結んでしまって正解と思ってしまう。その辺が危惧する点なのです。とにかくわからなかったら呪術だ，祭祀だという。しかし，果してそういうものが宗教であり宗教考古学の体系の中に位置づけられるものなのかどうかを考えないで片着けることに問題があるのではないか。それのためには宗教考古学の中における宗教とは何か，ということを絶えず考えていくということが大切であり，またそのような努力がなければいけないと思います。

民俗宗教をめぐって

坂詰　最近，考古学で対象にしているものの中に，神道とも仏教とも考えられない，両方が混在しているような遺跡や遺物が出てきています。それは五来重先生が民俗宗教的な視点からお書きになっているテーマと近いようです。五来先生の『仏教と民俗』(1976) など一連の著作を読ませていただきますと，物を扱っている立場からすると物足りないんですね。資料はたくさん並ぶんですけども，時間的な設定がよくわからないということが一つ，それから祭り事の現象としての物はたくさん取り上げられるわけですが，フォークロア的な面が非常に強い。「民俗宗教」という内容を今度は考古学の方で，考古学の方法論に沿ってそろそろ考えていく段階にきているのではないか。それが「修験道考古学」というものの成立の検討であり，また道教の問題の検討ともなっていくのではないかと思うのです。

道教の問題はいままでは漠然としていたわけですが，最近道教的な要素をもつ資料が古代は勿論，中世にも多く見られることが報告されてきています。そういう点から道教が在来の信仰やあるいは仏教に入って仏教化されたような信仰形態の一面が修験じゃないかというような乱暴な考えを

もっていますが，修験の宗教を考える上に道教の問題がこれから重要になってくるのではないかと思います。中国を旅行しますと「道観」が眼につきます。日本の古代にも道観があったのではないか。そうすればその遺跡はどんなものか非常に関心があります。

乙益　一体，日本人は信仰や宗教の面だけでなく，生活文化のあらゆる面で編集能力が巧みなんですね。道教が入ってくると間もなく神社や仏閣と組み合わさって一定の宗教体系の中に織り込まれてしまったようです。

例えば北斗星を祠る妙見信仰の場合にしても，妙見菩薩になってみたり妙見神社になったりします。そして奈良，平安の初め頃にはすでに日本的な妙見信仰が確立していたようです。そして亀の背に阿弥陀如来像が坐していたり，中国の道教僧が着るような服装の神像ができたり，修法具にいたるまで仏式であったり，鳥居を仏殿の前に建てたりしています。すでに日本の仏教そのものが本来のインド仏教からかけ離れた"日本仏教"だと思うのです。

それと同じように道教にしても日本的な信仰になってしまう。修験道にしても同様ですね。在来日本の山岳信仰と，仏教的な要素と，さらに道教の要素が加わり，修験という独特なものが成立する。そのために解釈のしにくいものができてくる。どうもそれが日本人的な世界観であったのではないかと思うのです。

日光の男体山の遺跡を見ると仏具が出てくるし，それから神道的な要素がある。しかも場所はけわしい山の頂上です。そこで行なわれた行事は仏教でもなければ神道でもないようなものであったと考えられます。

坂詰　日本仏教にはいろいろな要素が入っていると思うのです。しかし，あくまでそのベースは固有信仰ではないか。天台・日蓮で地主神を祭るのもそのあらわれでしょう。

そういうのを考えるとき，よくヒンドゥー教の場合を考えるのですが，ヒンドゥー教は何でも受け入れてしまうのですね。八百万の神々以上の神様の存在，あらゆるものが信仰の対象になっている。そして一つの"ヒンドゥー教"という確固とした宗教形態を持っている。それを分解していくとヒンドゥー教とは何かがわからなくなってしまうということもあるわけですが，日本の場合には

何か個別的な教義が個々にあらわれている。これは仏教的なものが強いとか，これはどうも道教の要素を含んでいるのではないか，というような形で出てくるのではありませんか。

網干　いまの坂詰さんの話，私も全く同感です。実はインドを旅行していまして，ある美術の専門家が私に「君，密教は仏教なのか」と尋ねたのです。その人がヒンドゥー教とかジャイナとかを見ての感じです。そのような疑問をいだく人もいることを知って，これは非常に難しい問題だと思ったわけです。

もう一つの例は，私は奈良に住んでおります関係上，県内の遺跡を案内しなければならないということがあるわけですが，そのとき一番難しいのは吉野なのです。いわゆるバスガイド的な説明で満足してもらえれば別に問題はないわけですが，例えば吉野の蔵王堂にある仏教的要素，神道的要素，修験道的要素を分けて説明するとなるとこれは大変だと思うのです。いわば重層性みたいなものですね。神仏習合というのは日本人の精神や生活のなかで一体をなしているがゆえに，よけい難しくなってくる。

私たちが一つの物を取り扱っていくときに，仏教の範囲だと思ってもそうでないものも出てくると思うし，これは神道の範囲だと思っても仏教のものも出てくるし，その辺の分析の仕方に難しさがあり，それに対拠するには宗教に対する本質的な考えを明確にしておかなければならないと思うのです。

坂詰　中国の仏教はインド仏教とは異質だと思います。ところが，日本の仏教というのは中国仏教と似ているところがある。似ているところというのは，例えば伽藍をみますと平地に規格をもって方形に区画している。それはインドでは考えられないわけです。ところが平安時代になりますと崩れてしまう。やはりそこに密教の問題が介在している。山に入り地主神と結合するという気がします。

日本仏教の特性の一面を一体考古学ではどう受けとめられるのか。私は最近この点に興味をもちまして，石田先生が体系化された仏教考古学をアジアの仏教という視点で考えてみたいと思っています。そういう点で，民俗宗教を民俗畑の先生方にのみお任せしないで，水野正好さんが盛んにおやりになっているようにもっと考古学の人が積極

的に日本古来の民俗宗教を"物"の方から考えていくような機運をそろそろ盛り上げていってもいいころではないかと思うのです。

乙益　こうして追求していくと，結局日本人の精神構造の分析にまで立ち入らねばならないことになりますね。

キリスト教考古学の問題

坂詰　天文18年（1549）にザビエルが来日して以降，わが国にキリスト教が伝来した。それに伴っていろいろな遺跡・遺物がわれわれの身近かに存在しているはずだと思うのです。従来は隠れキリシタンという観点でとらえられていたわけですが，隠れ念仏，不受不施，そういう仏教的な分野の究明とともにキリスト教考古学も重要だろうと思われます。

キリスト教考古学はまず日本の場合には上限の年次がある程度定まるという点で，神道考古学とははっきり一線を画することができる。仏教考古学の上限というのは仏教の公伝年代はあるが必ずしもはっきりしていないわけですが，キリスト教の場合には天文18年を一応上限として考えることができると思うのです。それ以降，キリスト教の遺跡・遺物が各地にあらわれてきますが，とくに隠れキリシタンとして出てきています。

そういう観点からみますと，キリスト教考古学は地味な分野と申しますか，キリスト教史をやっておられる方々の間でも余り大きく取り上げられていないようです。かつて東京国立博物館の図版目録『キリシタン関係遺品篇』(1972) が出まして，その中に大量の踏絵が出ておりました。それを見たときに浜田耕作先生のキリシタン遺物の研究[4]を思い出しまして，そろそろこれでキリスト教考古学も定着するのかなと思いましたが……。

しかし現在，日本のキリスト教考古学は未着手といっていいのではないでしょうか。森浩一先生が京都の南蛮寺の跡をお掘りになったというのが目新しい情報としてあるくらいですね[5]。

網干　大和でもキリシタン大名がいた関係で若干遺跡はあるだろうと思うのですが，ほとんど手がついていないですね。文献的には多少そういう史料は出ておりますけども，考古学上からどういうものがどれだけ残っていて，それはどういう意味をもっているのかということの追求まではいってないと思うのです。九州ではどうなのですか？

南蛮寺跡出土石製硯に描かれた人物線画（現存長 12 cm）（『姥柳町遺跡調査概報』より）

乙益　日本のキリスト教考古学はむしろ「キリシタン考古学」といった方が適切かもしれません。この分野は日本ではほとんど未開拓といってよいですね。浜田先生がキリシタン遺物の考古学的研究をやられた後は美術史家が若干開拓したほか，民俗信仰として隠れキリシタンの研究が行なわれたり，文化史学者が南蛮文化という形でとらえているだけです。遺跡・遺物に対してはまるでゼロですね。

実は遺跡・遺物はかなりあるんです。それにいまからでも発掘調査をすれば復原可能な遺跡がいくつかあるのです。九州では天草版イソップ物語とか天草版平家物語など，あれだけの活字印刷が行なわれた天草学林の跡が天草の現地では全くわかっていません。

いままでにキリシタン関係遺物を出土した所はいくつかあります。熊本県天草郡の上島に有明町上津浦（こうづら）という所があります。そこには南蛮寺があって，かつて小西行長が南蛮人の古須羅という者を村に住まわしめて寺を建てたという伝承があります。その村で崖崩れがあった時燭台が1対出土しています。同じ上津浦の内山という所の別木家にはメダルが残っていて，どうもここにも南蛮寺関係遺跡があった疑いがあります。

隠れキリシタンについては，かつて古野清人先生らが長崎県の彼杵半島や離れ島などで調査されています。ところが天文18年以後の，例えばコレジョの跡や教会の跡などについてはだれも突きとめて研究していないんです。レオン・パジェスの書いた——岩波文庫では『日本キリシタン宗門史』という名前になっていますが，あれを見ていくと殉教者の出身地が出てくるのです。

キリスト教では人が死んだときは土葬します。そして上に伏せ石を置くのですが，その伏せ石をみんな石段や踏み段に使っている。よく見ると，一側に十字架が彫ってあったりするのです。私も牛深市の港の近くにある丘の上の神社で見たことがあります。そのほか天草郡五和町二江（いつわ）（ふたえ）でも山の上で蒲鉾形のキリシタン墓碑を供養碑に転用したものを撮影したことがあります。おそらくこうした記録や遺物，伝承などを手がかりに調査を進めると，当時の建物跡などが出てくるのではないかと思うのです。

坂詰　キリシタン関係のものでいいますと竹村寛氏の『キリシタン遺物の研究』(1974)をすぐ思い出すわけですが，物については2，3の方が図録的にまとめられているのがあると思うのです。実際に掘った例として，森先生の南蛮寺跡はおもしろい例だと思いますし，乙益先生のお話を伺いますと，今後遺跡としての面からも対象とされるものがたくさんありそうですね。

網干　かつてキリシタン遺跡について書きましたときに[6]多少調べたのですけど，天文年間に200くらいの教会があって，15万人くらいの信徒がいたのではないかとされています。これだけの勢力であればかなりの遺跡・遺物があるのではないかと思いますが，ほとんど実態がわかっていないですね。それらしき発掘もなかったのではないでしょうか。

ただキリシタン灯籠とか，キリシタン墓碑の研究とかの形式分類は多少行なわれていますが，それのみがキリスト教考古学ではありません。キリスト教考古学という面から見れば将来各地の遺跡がもっと調査されることが必要だと思いますね。ほとんど実態がわかっていないのではないですか。

乙益　「キリシタン類族調べ」などをみると，信者は東北地方にまで及んでいたことがわかります。おそらく安土桃山の頃は日本の国内のほとんど全土にわたって分布していたのではないでしょうか。

坂詰　キリスト教の考古学はわれわれの頭の中でははるかヨーロッパのものという印象も強いわ

21

けですが，日本の考古学の中でもそろそろキリスト教分野の考古学に対する関心が出てきてもいいのではないかという気がします。

宗教考古学の展望

坂詰 いままで漠然としていた宗教考古学をいくつかに分解することもできますが，それを総合して一つの宗教考古学として体系化することができるのではないかと思うのです。

10年以上も前になりますが大場先生とお話している中で，日本に宗教考古学会をつくろう，ひとつ石田先生を担いで私がやるから，というお話を承りまして，その準備をやったことがあります。ところがお二人ともお亡くなりになりまして実現しませんでした。

日本におきましても宗教考古学を日本考古学の中で位置づける方向で考えていくことが期待されます。とくに最近は開発であちこちが掘られていますからいろんなものが出てくると思うのですが，そういう場合に適確な意味づけができるように機会を捉えて考えていったらいいのではないかと思います。

乙益 日本に限らず考古学という学問は自信のない学問でして，何かが見つかるまではなかなか実態のわからないものです。しかし新しいものが何か発見されると，まるで連鎖反応のように，またたく間に類例があらわれるものです。キリシタン遺跡にしても，一度確実なものが発見されると，必ずや連鎖反応がおこるにちがいありません。それがためにもどこかで典型的な事例が発見される必要があると思います。

網干 考古学の場合注意しておかなければならないのは考古学の領域を絶えず意識するということだと思います。これはむずかしいことですが，最近考古学研究では中世あるいは近世というものが対象に広げられてきている。これは非常に結構なことだと思います。

仏教考古学の分野でも開発のために山岳寺院を発掘すると，その場合に記録されるのは建物がここにあって，この建物は梁間が何尺（m）桁行何尺（m）でどのような構造をしていたかということです。そこまででいいのか。出土した遺物を通じてその山岳寺院の持つ性格まで発展させ，さらにその山岳寺院がもっているところの仏教史的意義とか宗教的意義というところまで追求するのか

という，そのあたりの限界が非常に難しいと思うのです。一体どこまでやるのか。最近考古学というのは遺跡・遺物だけを取り扱っていたって歴史研究の市民権を得られないのだということで，突飛な意見や行き過ぎた解釈がかなりなされている面もあると思うのです。その辺のことを宗教考古学の場合も絶えず宗教とはどういうものなのかということを踏まえながらもおのずから考古学の領域をも感じていかなければならないのではないかと思うのです。

坂詰 宗教考古学は考古学の方法論を十分理解した上で，さらにそれぞれの宗教それ自体をぴしっと押さえていくということが今後の発展につながっていくのではないか，という示唆的なお話をいただきましたところで終わりたいと思います。

本日はどうもありがとうございました。

（完）

註
1) 宗教一般については岸本英夫編『世界の宗教』（1965）が簡明である。
2) 江上波夫「オングト部におけるネストール教の系統とその墓石」アジア文化史研究，論考編，1967
3) 網干善教「仏教考古学とその課題」仏教大学紀要，47，1965
4) 浜田耕作ほか『摂津高槻在東氏所蔵の切支丹遺物』京都帝国大学考古学研究報告，7，1922
5) 森浩一『姥柳町遺跡（南蛮寺跡）調査概報』同志社大学文学部文化学科，1973
6) 網干善教「宗教遺跡」考古学ゼミナール，山川出版社，1976

飛鳥時代の建築材発見—桜井市山田寺跡

奈良国立文化財研究所飛鳥藤原宮跡発掘調査部が第4次発掘調査を進めている奈良県桜井市山田の特別史跡・山田寺跡で回廊の連子窓や柱，壁などが倒壊したままそっくり発見された。回廊は塔と金堂を囲む幅約6m，東西84m，南北89mのもので，出土部分は東回廊の北端から数えて15間目と16間目。多量の屋根瓦の下から飛鳥時代の連子窓（柱と柱の間にあり連子子20本が並ぶ），壁，太い柱，頭貫，長押など，屋根の部分を除く建築材がほぼすべて揃っており，元通りに復原が可能。山田寺は7世紀中頃から後半にかけて完成したとされており，法隆寺以前の木造建築が伽藍配置のみならず，建物構造の細部まで知られたことは重要な意義をもつ。

（12/1. 朝日新聞，毎日新聞より）

特集 ● 神々と仏を考古学する

考古学よりみた宗教史

各時代の信仰はどのような変遷をたどっただろうか。考古学的遺跡および遺物によってその痕跡を一つ一つ明らかにしていこう

縄文時代の信仰／弥生時代の信仰／古墳時代の信仰／古代の信仰／中世の信仰／近世の信仰／北の信仰／南の信仰

縄文時代の信仰

東京大学助教授
■ 上野佳也
（うえの・よしや）

縄文時代において信仰に関する遺物・遺跡には土偶, 岩偶, 土版, 岩版, 土面, 石棒および配石遺構, 土壙などがある

　狩猟採集に生産の基盤をおき, 土器を使用していた縄文時代の人々が, どのような信仰をもっていたかということを明らかにすることは, もとより一朝一夕にできることではない。しかし近年の多くの資料の蓄積によって, その大体の姿を推定することはできるようになってきた。

1　信仰に関する遺物と遺跡

　信仰に関する遺物と遺跡は信仰という思考, いいかえれば信仰についての情報が, シンボル化されたものである。ただし, そのシンボル化は遺物・遺跡のような有形のものだけでなく, 儀礼・神話のような無形のものにもシンボル化されている。ここで述べるのは, もとより有形のものに限られるが, 無形のものもあることは忘れてはならない。

　有形の遺物としてまずあげられるのは, 土偶, 岩偶, 土版, 岩版, 土面などである。このほか, 石棒, 丸石, 御物石器（ごもつせっき, ぎょもつせっき）などがある。また装飾品でもあるが信仰をシンボル化したと考えられるものに, 玦状耳飾, 土製耳飾, 硬玉製大珠などがある。さらに土器文様にも信仰をシンボル化したと考えられるものがある。

　また遺跡では, 配石遺構, 土壙などがある。

　このような遺跡・遺物のほか, 身体加工として, 抜歯風習や入れ墨もあった。抜歯の跡は人骨の一部として残っているが, 入れ墨については, 土偶の文様から推定されている。そこで, 以下に主として土偶と配石遺構について述べていこう。

2　土偶, 配石遺構について

　土偶の変遷については, すでに多くのすぐれた論考が発表されており[1], 重ねて論じるまでもないが, 以下に若干述べていきたい。

　土偶ではないが, すでに先土器時代にこけし形の石偶が大分県岩戸遺跡から出ている[2]。

　縄文時代に入ると, 草創期に愛媛県上黒岩岩陰から女性の線刻画のある小礫が出ている[3]。また最近, 近畿地方からも早期の土偶の出土が報告されている。

　早期になると, 土偶が, 茨城県花輪台貝塚, 千葉県鴇崎貝塚などから撚糸文系土器に伴って出土している。いずれも板状で, 乳房は表現されているが, 頭部, 手足は明確でない[4]。

　前期になると若干増えるが, まだ数は少なく, 東北地方, 関東地方で出土している。東北地方の円筒下層式に伴うものは, やはり板状であり, 頭部は明確でなく, 足はない。乳房は表現されている。全体は逆三角形である。

23

中期になると，北海道，東北地方，関東地方の一部では，板状の土偶が続く。技巧的にはやや進歩し，文様が施されるようになる。

　これに対し，中部山岳地帯から関東地方にかけて，主として立体的な土偶が出現する。これは頭部とくに顔面が明確であり，手足もはっきりと作られる。全体的に生き生きとして活力がある。

　後期になると，やはり立体的でハート形，山形，みみずく形などの土偶が出てくる。頭部，手足ははっきりしている。筒形で手足のないものもある。一般に中期のような活力は衰えてきている。またその分布は九州地方にも広がっていく。

　晩期になると，亀ヶ岡式土器に伴う土偶が東北地方に広がり，その系統のものは近畿にも及ぶ。これも立体的で，頭部，手足は明確であり，代表的なものは，眼が遮光器をかけたようになっているので，遮光器土偶とも呼ばれている。

　そこで，これらの土偶を通観してみると，先土器時代，縄文時代草創期のものは別として，板状のものと立体的なものに大きく分けることができる。もちろん，その中には両者の交流を示す折衷的なものもあるが，ここで重要なことは，板状土偶では，高密度の情報をもつ顔面が無視されていることである。つまり，板状土偶をもつ信仰は，土偶の顔面からの情報を必要としない信仰体系をもっていたのであろう。

　要するに，そこには，信仰をシンボル化する方向の違いと，その抽象度の違いがある。それは，両者の属している土偶にかかわる信仰体系の違いに基づくものであろう。

　板状土偶は，もともとは平地の生態系で醸成された信仰がシンボル化されたものであるが，これに対し，中期の立体的な土偶は，中部山岳地帯と関東平野南西部の信仰が交流した結果醸成された信仰のシンボル化されたものである。

　後期の土偶は，冷涼期に入った不安定な社会の中で生まれたものであるが，本質的には中期の立体的な土偶の系統を引くものであろう。

　晩期の土偶は，気候の上ではもっとも寒冷な時の信仰がシンボル化されたものである。

　水野正好氏は，土偶のほとんどが女性であること，また破壊されているということから，女性が子をみごもり，産み，育て，死に，そして再生するという輪廻観がみられるとしている[5]。たしかに，女性像が大部分で，ほとんどが壊されているし，また再生観も多くの民族信仰にみられるところであるが，縄文時代の土偶の中での信仰体系の差異についても考えるべきであろう。

　また，縄文時代の土偶すべてに

縄文時代各期の土偶
左上：茨城県花輪台貝塚出土（早期），高さ 4.8 cm，南山大学蔵　右上：山梨県御坂町上黒駒遺跡出土（中期），高さ 25.5 cm，東京国立博物館蔵　左下：埼玉県岩槻市真福寺貝塚出土（後期），高さ 20.2 cm，中沢辰男氏蔵　右下：青森県弘前市裾野猿ヶ森出土（晩期），高さ 12.6 cm，東京大学人類学教室蔵

共通することであるが，内外の民俗例と比較すると，そこに「ひとみ」と「歯」が表現されていないことに気づく。「明眸皓歯」というごとく，眼と歯はもっとも情報が多い部分である。そのような表現法が欠けている縄文時代の土偶には，どういう信仰体系があったのであろうか，さらに多くの民俗例を調べていく必要がある。

また，土偶は縄文文化終末まで続いたが，弥生文化に入ると消滅してしまう。これは，その信仰体系が稲作農耕神話と相容れない内容をもっていたのではないか。このことについて，筆者はかつて，「……稲作農耕社会の中にはこれ（土偶）を肯定する思考形態が欠けていたか，あるいは否定する思考形態が存在していたことを意味している。」と述べたことがある[6]。

次に配石遺構についてみると，縄文時代のものには，組石遺構とそれが集ってできた環状列石，屋内に祭壇状の若干の配石をしたもの，屋内に平石を敷いた敷石遺構，それに小規模な集石などがある。

組石遺構は大部分は墓と考えられる。草創期からあるが，大規模なものとしては前期の長野県上原，阿久両遺跡がある[7]。しかしまだ数は少ない。中期後半から屋内に祭壇状のものが現われ，後期になると，屋外に組石遺構，環状列石が急激に発達する。全国的に見れば東日本に多いが西日本にも及んでいく。組石遺構には，立石を伴うものと伴わないものがあるが，伴わないものでも，かつては立石があって失われてしまったのか，あるいは坂詰秀一氏のいうように木柱のような有機質の物を用いたものもあったのであろう[8]。しかし，このような配石遺構も，後期後半に入ると，急速に衰退していった。

敷石遺構は，主として関東西部，甲信越，駿豆地方に中期末から後期に広がった。平面は主として柄鏡形の竪穴で，平石を全面または一部に敷いてある。出土する遺物に石棒や丸石があることから，この遺構が，一般住居であるか特殊な祭祀用の家であるか，いろいろ論じられてきたが，筆者は，多くは「信仰心篤き時代」の一般住居で，中には司祭者の家も，あるいは祭祀のためのみの家もあったろうという考えに至っている。その背景には，組石遺構を成立させたのと同じ信仰心の高揚があったと考えている。つまりこの時代は，冷涼化が引き金となって起った混乱，すなわち社会

的エントロピーの増大を，信仰心によって防ぐ必要に迫られていたのであろう。坪井清足氏が，かつて自然環境の劣悪化と呪術的なものの盛行の関連を指摘した[9]が，筆者は，そこにエントロピー増大の問題を考え，心性と自然環境と生産力の関係式を別稿において示しておいた[10]。

以上，土偶と配石遺構を中心として縄文時代の信仰について考えたが，宗教的遺物・遺跡は何らかの情報をシンボル化したものであるから，そこからどういう情報が送られていたかということを，縄文時代各期の例，弥生文化の例，民俗例などと比較考察していくことが必要である。そして，そのような操作によって，縄文時代の信仰の枠組みを次第に明らかにしていくことができるであろう。

　註
1) 江坂輝彌『土偶』校倉書房，1960，甲野勇ほか編『日本原始美術 2　土偶・装身具』講談社，1964，斎藤忠編『図説日本文化史大系 1』小学館，1965，江坂輝彌・野口義麿編『古代史発掘 3　土偶芸術と信仰』講談社，1974 などがあり，以上を参照した。
2) 芹沢長介「日本の旧石器 (特報)―大分県岩戸旧石器時代遺跡の調査」考古学ジャーナル，14，1967
3) 江坂輝彌・岡本健児・西田栄「愛媛県上黒岩岩陰」日本の洞穴遺跡，平凡社，1967
4) 吉田格「茨城県花輪台貝塚概報」日本考古学，1―1，1948
　　西村正衛・金子浩昌「千葉県香取郡鴇崎貝塚」古代，35，1960
5) 水野正好『日本の原始美術 5　土偶』講談社，1979
6) 上野佳也「土偶と石棒の性格およびその研究上の問題は何か」日本考古学の視点上，日本書籍，1974
7) 大場磐雄ほか『上原』長野県教育委員会，1957
　　樋口昇一・笹沢浩ほか『長野県中央道埋蔵文化財包蔵地発掘調査報告書―原村その 5　昭和 51，52，53 年度―』日本道路公団・長野県教育委員会，1982
8) 坂詰秀一「日本石器時代墳墓の類型的研究」日本考古学研究，恭和印刷，1961
9) 坪井清足「縄文文化論」日本歴史―原始および古代 1，岩波書店，1962
　　坪井清足「始源の美―可塑性への陶酔」日本陶磁全集 1　縄文，中央公論社，1976
10) 上野佳也「情報科学とエントロピー―考古学研究上の一視点として―」考古学研究，28―3，1981

弥生時代の信仰

神奈川県立博物館専門学芸員
■ 神澤勇一
（かんざわ・ゆういち）

弥生時代は稲作にかかわる信仰が中心であるが実体は複雑で
あり，まだ宗教とよべるほどのものは成立してはいなかった

1　農耕社会と信仰

　弥生時代は，稲作農耕を経済的基礎とするわが
国農耕社会の当初の段階である。一般に信仰は社
会組織，経済組織と密接に関係し，それらの発展
段階に応じて変遷推移する。したがって，弥生時
代の信仰は，縄文時代の採集経済社会に行なわれ
た自然崇拝に基づく各種の呪術的祭祀と異なり，
稲作にかかわる信仰が中心になっているが，実体
はかなり複雑である。それは先進的な西日本でさ
え中期ごろまでは縄文時代の信仰がわずかながら
も残存し，東日本ではそれが終末まで存続すると
いう対照的な様相の差が端的に示している。

　信仰の表出である遺跡・遺物の出自にしても，
大別すると弥生時代の農耕社会独自の信仰から生
じたもの，大陸農耕社会に起源をもつ信仰の伝来
によるもの，縄文時代の信仰の残存に伴って存在
するものとが認められるのである。この複雑性を
単純に「狩猟漁撈社会から農耕社会への移行時の
現象」とのみ理解するのは妥当ではない。それは
弥生時代における農耕社会の成立が，大陸渡来の
稲作農耕を縄文時代社会が受容し，民族的交代な
く「狩猟漁撈民の農耕民化」という形で進んだこ
とと稲作農耕が北九州地方から始まり，西日本一
帯へ次いで東日本へと段階的に波及した結果，農
耕社会の成立・発展の遅速，期間の長短という差
が生じたのが基本的原因となっている。西暦前
300年ごろから約600年間の弥生時代を200年
程度の幅で，前・中・後の3期に大別するが，農
耕生活の開始は前期には伊勢湾沿岸地方までで止
まり，東日本では中期からであった。したがっ
て，東日本の場合は稲作，信仰とも西日本で前期
の段階を経過したものが波及することとなり，そ
の形が後まで続いたため，西日本起源の信仰祭
祀，大陸起源の信仰祭祀も一部伝わったが，縄文
時代の伝統がより強く残るという結果を生じるに
至ったのである。

　弥生時代の農耕社会は，以上のような特殊性を

もっていたが，全体的にみればそれを超えて，農
耕経済の発展とともに社会的階層の分化が進みそ
の過程において地域的政治集団（小国家）とそれ
らの対立抗争を生み，階級社会と古代国家成立の
素地を造った。こうした動向に伴い社会，経済と
密接な関連をもつ信仰にも幾つかの発展段階が認
められる。しかし，目下のところ信仰の内容，変
遷過程を具体的に示すことは資料が著しく不足で
あるので，ここでは信仰の表出である祭祀関係遺
跡・遺物の性格，あり方，消長などから，その概
略と宗教史上いかなる段階にあるかについて簡単
に触れることにする。

2　生成期の信仰

　弥生時代の信仰は，西日本では前期と中期の
境，東日本では中期なかばを境に大きな差があ
る。これを仮に生成期と発展期に二分しよう。

　生成期は，狩猟漁撈に経済的基礎をおいた縄文
時代人の農耕民化による農耕社会の成立期であ
る。自然の支配下にあった縄文時代の自然崇拝に
基づく呪術的信仰を象徴し，あれほど盛行した土
偶，土版，土面，御物石器，石棒，立石などは，
西日本のみならず東日本でも突如消滅してしま
う。生活様式の転換に伴う信仰の変化を示すもの
に他ならない。

　しかし，この段階では弥生時代独自の信仰と呼
べるようなものは見当らず，とくに西日本の場合
は水稲栽培技術とともに大陸農耕社会の信仰，農
耕儀礼の伝来が当然あったと考えられるが，ほと
んど具体的な形で現われていない。祭祀関係の遺
跡・遺物には，縄文時代の信仰の名残りを示す例
が，むしろ目立っている。後期～晩期に多い鹿角
製腰飾，シカ・イノシシの顎骨や肢骨に刻み目，
線刻，穿孔などを施した骨角製品などの呪術的遺
物がそれである。抜歯，歯牙変形加工も認められ
るし葬送儀礼をみても，西日本では支石墓・木棺
墓のように新しい形式の墳墓が出現する反面，山
口県土井ケ浜遺跡では頭骨改葬例が知られ[1]，東

26

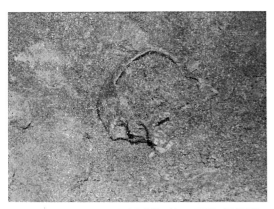

再葬された男性頭骨　弥生時代中期，神奈川県間口洞窟遺跡

人面形土器
弥生時代中期
神奈川県ひる畑遺跡

日本では白骨化させた遺骸の骨の一部を土器に納め小型土壙内に埋置する再葬墓，頭骨と若干の骨を岩塊のすき間に納めた海蝕洞窟遺跡内の集骨墓が盛行する[2]。再葬もまた晩期における葬法の一部以外に系統を求め難い。

　生成期にみられる以上のような状態は，縄文時代の信仰の伝統が根強く残っていることを示している。稲作農耕が開始されたとは言え，沿岸部では多数の貝塚が形成され，内陸でも獣骨や堅果類の出土が多いことは，未だ生産性が低く，動植物の捕獲収集を相当に必要としたことは誤りない。自然への依存度が依然大きく，したがって縄文時代の社会組織から完全に脱却できなかったと言える。天然食糧資源にのみ生活の糧を求めざるを得ず自然の支配下にあった縄文時代社会では，自然現象をはじめ万物に神の存在を考え，食糧の確保と災厄回避のため，自然崇拝の原始信仰が行なわれ呪術的祭祀が盛行した。弥生時代の生成期にその原始信仰が一部存続したことは，水稲栽培技術伝来のさい農事の一環として，無形で抽象的概念としての，より高度な神の祭祀が当然伝えられたであろうが，それが認められないのは前述のような社会的経済的条件によるのである。真の農耕社会的信仰は未発達と言えよう。

3　発展期の信仰

　中期を迎え発展期に入ると稲作農耕はほぼ全国に波及，各地に農耕社会が成立し経済的基礎も強固になり，農耕に関する信仰を主体に多様な祭祀の出現をみる。それらは前期の期間を経過し大陸との地理的位置も近い西日本，とりわけ農耕社会発展の諸条件を備えた近畿地方を中心に，農業生産力の増大，それが生じさせた社会的な階級分化，地域的な政治集団の動向，外来の新文化の流入などを背景にした社会的・経済的発展の段階に従い，内容と形態の変化を起こしつつ，政治的性格をも帯びるに至るのである。

　近畿地方を中心とする銅鐸，北九州地方から瀬戸内西部を中心とする銅剣・銅鉾・銅戈の祭祀はその最も顕著な現われである。すでに鉄器が存在するにもかかわらず，あえて青銅を素材にしたこれらの遺物が，当初から祭祀具として製作され，宝器として招来されたことは疑問の余地がない。

　銅鐸の用途については多くの説があるが，初期の例には吊下げて舌を振って鳴らした痕跡があるが，やがてその機能を失い大型化し，装飾化の進行とともに器面に絵画を表わす例が増す[3]。モチーフの大半は農耕生活に関係深いものであり，稲の豊作を祈念する祭祀に使用されたことは誤りなかろう。初期の鐸に絵画が乏しいのは，祭祀の場で打ち鳴らすために，その必要性が少なかったためと考えられる。大型化，装飾化した銅鐸は単なる農耕祭祀具ではなく司祭者の武力的，経済的支配力を誇示する側面をもっていたと言える。

　銅剣・銅鉾・銅戈については，当初は大陸伝来の実用的利器ではあったが，もっぱら有力首長の権威の象徴として用いられ，死後，墳墓に副葬された。鎮魂の目的もあったと考えられている。しかし，それらにしても後期には国産化され，本来の機能を失い大型化，儀器化し，対馬・九州・中国地方瀬戸内沿岸など海路沿いに分布することから，航路の安全を海神に祈念するための祭祀具に転じたという解釈もある。大陸と近畿地方を結ぶ幹線交通路であり，この解釈は当然首肯されよ

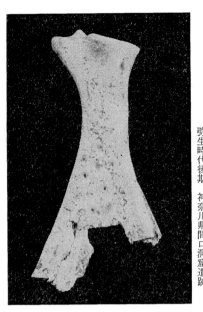

ト骨（シカ肩胛骨使用例）弥生時代後期、神奈川県間口洞窟遺跡

流水文銅鐸　出土地不詳
辰馬考古資料館蔵

袈裟襷文銅鐸　出土地不詳
辰馬考古資料館蔵

う。ただ注意すべき点は，形式化した銅鐸・銅剣・銅鉾・銅戈が，いずれも人里離れた場所へ一括埋納された状態で発見されるという強い共通性を示すことである。数量からみて，かなり広域的な祭祀が行なわれたものと考えられる。ここにもまた，政治と祭祀の結合が読みとれよう。

発展期における農耕に関する信仰と祭祀に関する他の事例としては，いわゆる赤色研磨土器その他の供献用土器を井戸中に沈めたり，田の畦に据え置くものが知られている。農耕生活に不可欠な豊かな水の恵みを祈念する稲作農耕に密着した祭祀にほかならない。

こうした祭祀のほか，発展期には分銅形土製品，銅戈茎部あるいは滋賀県大中の湖南遺跡出土の木偶のように，人面または人体を表現した遺物の出現が認められる[5]。これらは土偶とは明らかに異質的存在で祖霊を示すものであろう。

紙幅の関係もあり，相当粗い説明になってしまうが，以上に述べたものについては，その信仰対象が農耕地，海路，河川，湧水など弥生時代人の生活に重要な係わりをもつ場所に依憑する——地神・水神など後世で言う地祇に近い——神と，祖霊が主体であったと思われる。この点，縄文時代人が認識した万物に依憑する神々とは明らかに性質が異なると言ってよく，信仰観念の分化が認められる。

4　大陸伝来の信仰

最後にもう一つ注目すべき信仰として，獣骨表面を点状に焼灼し，そこに生じた亀裂の状態により吉凶を占うト占（骨ト）がある。これは大陸伝来の信仰に基づくもので，現在長野県を北限に，中期と後期に属するト骨が18遺跡から74例出土している[6]。『魏志』東夷伝倭人の条の記載には「其の俗挙事行来に，云為する所有れば，輒ち骨を灼きてトし，以って吉凶を占い（中略）火坼を視て兆を占う」とあり，ト占を通じ神意を問う形で，占の目的は特定されていない。この場合の神は明らかに物に依憑する地祇的な神ではなく，至高神の可能性がつよい。ただ，祖霊が至高神へ移行するか否かという点は不明で若干問題が起こらないわけではないが，骨トはすでに中期中葉から広く行なわれている点からみて，祖霊神と同等とは考えにくい。

弥生時代においては信仰の分化と，至高神と地祇的神の分化は認められるが，未だ宗教と呼べるだけの信仰の体系化は成立していなかったと考えるのが妥当であろう。

註
1) 金関丈夫「山口県土井ヶ浜遺跡」日本農耕文化の生成，日本考古学協会，1951
2) 神澤勇一「南関東弥生時代の墓制—特に三浦半島海蝕洞窟内墳墓について」どるめん，23，1979
3) 佐原　真「銅鐸の祭り」古代史発掘，5，講談社，1974
4) 佐野大和「土器・土製品にこめられた弥生人の信仰」歴史公論，82，1982
5) 滋賀県民俗学会『大中の湖南遺跡』1968
6) 神澤勇一「弥生時代，古墳時代および奈良時代のト骨・ト甲について」駿台史学，38，1976
　　例数は当時より26例増加。

古墳時代の信仰

筑波大学助教授
■ 岩崎 卓也
（いわさき・たくや）

古墳は築く行為自体が共同祭祀としての意味を有していたと
されるがここでは埋葬頭位と供献土器にふれて考えてみよう

古墳とは，首長権継承儀礼に深くかかわる構造物であるとともに，これを築く行為自体も共同祭祀として重要な意味を有した，という指摘がある[1]。また，いわゆる墳丘墓などと異なり，古墳が日本列島のほぼ全域にわたって，一定の型をもって分布しているところから，これの政治的意義を重視する見方もある[2]。後者の立場から，古墳の画一性を重くみるなら，小林行雄・西嶋定生両博士[3]らの所説のように，古墳発生の背後にヤマト王権による全国的な統一体の成立を想定することにもなる。だが，この点については古代史家の間に異論も多い。そしてそれを受けた同盟関係成立論が出されもした[4]。そのような中で，西嶋博士によって提起された，同型の古墳と同型の祖先祭祀の採択は，とりもなおさず各地の首長間の同祖・同族関係成立を意味しようという見解を導入して，同盟関係に肉付けをおこなおうという試みもなされている。

それとは別に，各地の古式古墳に前方後円ならぬ前方後方墳が多いことに着目して，吉備・大和二重政権論が提起されたり[5]，あるいはまた前方後方墳の被葬者に在地的性格を見出そうという視角が提示されたりもしている[6]。だが，総じて小林・西嶋説に比して説得力に欠ける憾みがあるように思われる。これは一つには目的的な考古学事実の整理が十分になされていないことに由来するといえよう。

例えば，在地的性格は，古墳の内からどのような事実を抽出することによって浮彫りにできるかを考え，それに即した分析を進めねばなるまい。そのさい，古墳祭祀にみる系譜の追跡などの作業が有効であることはいうまでもない。私もかつて，古墳出土の土師器からそれを求めようとしたことがあった[7]が，中断して久しい。その点，都出比呂志氏による前期古墳の一連の分析作業は評価される[8]。

本稿では，この都出氏らの近年の業績の驥尾に付して，主として東日本における古式古墳に凝集する要素の一，二を抽出して検討をおこなうことにした。

1 埋葬頭位について

前方後円墳などの向きに，ある種の規則性があるということは，早くから注意されてきた。例えば斎藤忠博士は，古墳の方位がその中核である棺槨の方向と不可分の関係にあるとの認識から，前方後円墳に南面もしくは西面するものが多いのは，東あるいは北頭位という埋葬習俗に規定されたものだったとされた[9]。氏の場合，東もしくは北頭位の習俗は縄文・弥生時代以来の一貫した慣習だったとみるのである。ところが末永雅雄博士は，古墳の方位は地形・生前の居所・ムラなどとの関係で決せられるものであるから，すべての古墳を通じての一貫性はなかろうとされている[10]。

これらとは別次元のことだが，小林行雄博士らは，墳丘長軸と直交するように設けた埋葬施設を有する古墳は，古相を示す例に多いとのデータを披露されている[11]。

上のような大先達らの見解に対して都出氏は，弥生時代墓の多様さと異なり，古相を保つ畿内の古墳の頭位には，北優位という約束があるとされる[8]。これは割竹形木棺の採用などと相まって，新しい祭祀型式の創出を物語るものだというのである。統一的な首長霊祭祀型式の成立を念頭においての発言というべきであろう。

つぎに，都出氏がとられた方法を踏襲して，各地の主要古墳の埋葬頭位を図化してみた。これで見る限り，頭位の方向で集中が見られるのは，北というよりは北東であり，次いで北と西のようである。もちろんこの図は，各地の古墳を同じ規準でほぼ同数ずつ選んだようなものではなく，きわめて任意なものである。したがって，この図からいえることは，全国的規模で見るならば北優位の約束は貫徹されていない，という程度のことであろう。都出氏によれば，畿内でさえやや新期の古墳には統一性が失われるというから，図にみるよ

29

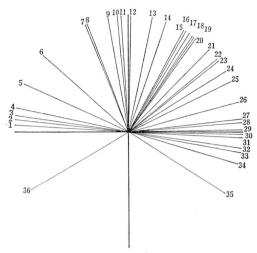
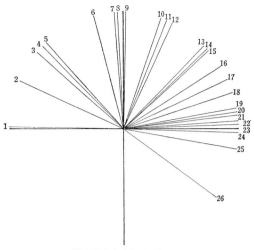

畿内を除く主要古式古墳の頭位
1：香川猫塚　2：香川古枝　3：香川翁ヶ松　4：徳島丹田・福岡若宮八幡　5：兵庫吉島　6：神奈川白山　7：島根造山3号　8：茨城勅使塚　9：岐阜円満寺　10：島根神原神社　11：茨城丸山　12：静岡松林山　13：愛媛相ノ谷　14：香川快天山1号　15：静岡赤門上　16：熊本向野田　17：広島石鎚山　18：山口長光寺　19：岐阜花岡山　20：静岡三池平　21：群馬前橋天神山　22：福岡神蔵　23：長野弘法山　24：佐賀経塚山　25：兵庫丸山1号　26：岡山金蔵山　27：栃木那須八幡塚　28：島根松本1号　29：香川高松茶臼山　30：鳥取馬山4号　31：福島会津大塚山　32：福島本屋敷1号　33：千葉能満寺　34：岐阜長良竜門寺　35：福岡一貴山銚子塚　36：長野森将軍塚

関東地方古式古墳の頭位
1：千葉水神山　2：群馬本郷大塚　3：神奈川白山　4：東京砧7号　5：茨城山木　6：茨城勅使塚　7：茨城狐塚　8：茨城丸山　9：茨城鏡塚　10：茨城桜塚　11：茨城須和間11号　12：茨城佐自塚・千葉神門4号　13：群馬前橋天神山　14：栃木佐野八幡山　15：茨城上出島2号　16：千葉大厩9号・飯合作1号　17：埼玉安行寺2号　18：群馬朝倉2号　19：千葉金塚　20：千葉小田部・茨城原1号　21：栃木那須八幡塚　22：千葉東間部多1号　23：千葉新皇塚　24：千葉北作1号　25：千葉能満寺・埼玉前山2号　26：栃木大桝塚

うな散在傾向は比較的新しい古墳を多く含んでいるせいといえるのかもしれない。しかし，例えば西頭位のピークを形成している古墳のほとんどが，四国のそれであるという傾向は注目に価しよう。東頭位の高松茶臼山古墳を加えるならば，猫塚古墳を含めて四国グループの多くは，東西位埋葬を特色とするということになりそうである。すなわち，埋葬頭位には当初から地域性が存在した可能性を示しているのである。

これをさらに検討するため，関東地方における5世紀初めごろまでの古式古墳の頭位を，墳形に余りこだわらずに集めてみた。一見すると，斎藤博士の指摘どおり西・南頭位がわずかであるというのが，この地方では一般論として成りたつようである。しかし詳しくみるなら，茨城県地方の古墳に北優位の「約束」がありそうなのに対して，千葉県のそれは東西方向優位とまとめられそうである。茨城県内で例外的存在である原1号墳は，これが県南地方にあることからすれば，千葉県グループの一つと見做せばよいだろう。また，千葉県の神門4号墳の場合は，土器などにみる特殊性を考慮する必要がありそうである。もしこれらが認められるとすれば，古式古墳の埋葬頭位は，小地域ごとに異なっていたことになるであろう。

上の考え方に問題がないわけではない。東頭位といっても，そこには相当のバラツキが認められることも一つの問題である。都出氏は頭位決定にあたって，当時磁石を用いたわけではない，との理由から，それぞれ30〜40度の幅を設けた上で「北優位」を設定された。この方法自体は，東頭位を原則とする新羅古墳にみられる頭位のバラツキに徴しても，誤まりとはいえない。だが，上の図にみる中間方位への集中，そして関東地方で三角縁神獣鏡を出土した数少ない古墳の加瀬白山古墳主室や前橋天神山古墳の頭位，また後続する古墳に同方位のものがしばしばみられるようになることなどを参照するなら，東日本に関する限りはたしてこれらを東もしくは北頭位にふりわけてよいのか，疑問が残る。

また，小地域ごとの傾向を強調するためには，それぞれの地域に含まれる例外的頭位をどう説明するか考えねばならない。それにもまして，それぞれの地域内における弥生時代墓からの頭位の推移を跡づける必要がある。これらの作業が不十分な現在，埋葬頭位は古墳における地域性を物語る一要素たりうる可能性あり，という程度でとどめ

る方がよい。

都出氏は北優位が畿内の，それも短期的な様相であるという。すでにみたとおり，各地域の古墳の頭位にもバラツキは大きい。すなわち，割竹形木棺の採用などといった他の要素とは異なり，頭位の方向性にはそれほどの規制力はなかったのであろう。地域性を読みとりうる可能性を有するゆえんである。

埋葬頭位に関しては，他にもいくつかの視点がある。例えば5世紀代から6世紀初めの間に築かれた，金銅製品などを出土する有力古墳，東国でいえば茨城県三昧塚古墳（頭位北98度東）などには，地域の伝統をはなれて東頭位をとるものが目立ってくる。これなどは別の視点から追究すべきものであろう。

2 供献土器について

葬送祭祀における継続性あるいは断絶を見いだすためには，祭器としての土器組成や存在形態を追跡するのが有効である。しかし，もはや許された紙数も残り少ないので，以下におよその見とおしだけを述べておきたい。

西日本の古式古墳における供献土器のあり方のうち，墳頂部から破砕された形で出土する例は多い。古式といわれる椿井大塚山古墳，湯迫車塚古墳，吉島古墳などもこの例に属するらしい。また，元稲荷・小泉大塚古墳などのように，埋葬施設内から坩形土器が出土する例も注目される。

さて関東地方でも，千葉県能満寺古墳や茨城県桜塚古墳など，破砕土器を出土する例はあるが，千葉県北作1号墳，同小田部古墳，栃木県駒形大塚古墳などのように，墳頂から完形もしくはそれに近い状態で供献形態の土器が出土する例が目立つ。この地方ではむしろ古期に属する古墳である。ほかに，これらとの相関々係は別として，千葉県東間部多2号墳などのように，くびれ部裾や同部周溝内から壺形品を主体とする土器群が出土する例も多い。様相は決して単純ではない。

ひるがえってこの地方の方形周溝墓を見ると，これらから土器破砕の習は見出せない。弥生時代後期に属する方形周溝墓の，埋葬施設上の様子がつかめない現在，周溝内出土の土器から類推せざるをえないが，この地方の古式古墳における土器のありようは，組成を含めてむしろ方形周溝墓のそれに類するといえそうである。

だが，関東地方では方形周溝墓に共伴する土器組成が定着しかつ複雑化する，換言すれば葬送の儀礼化が進行するのは，弥生時代でも年代的にかなり下降しそうである。そしていまのところその系譜は明らかにされていない。この祭式の成立がどのような局面からもたらされたのか，ひとり東国のみならず広く畿内・東海地方のそれを含めて検討する要がある。それができていない今は，関東地方の古式古墳にみる土器供献のありかたは，畿内のそれと直ちに対応するとはいえないこと，また関東地方におけるそのようなあり方は，単に方形を基調とする古墳にとどまるものではないことを確認するにとどめておきたい。

「宗教考古学」という語は，私にとってなじみ薄く，かつ不得手な領域である。そのため編者の意図とは異なった内容となってしまった。また，本稿の前半は都出氏の方法を是とする立場から記述したが，バラツキの多い頭位のどこまでを同グループとして括ってよいのか，あるいは末永博士らの提言を全く無視してよいのかなど，検討すべき余地は多い。にもかかわらず本稿をまとめたのは，ややもすれば古墳の諸属性のうち，画一的な面だけが強調されがちな現今，地域の少差を抽出する作業も，在地首長の性格ひいては当時の政治構造把握の上で必要だと思えたからである。

註
1) 近藤義郎ほか『月の輪古墳』1960，月の輪墳刊行会など
2) 近藤義郎「前方後円墳の成立」考古論集，1977
3) 小林行雄「古墳の発生の歴史的意義」史林，38—1，1955
   西嶋定生「古墳と大和政権」岡山史学，10，1961
4) 甘粕健「古墳の形成と技術の発展」講座日本歴史，1，1975
5) 茂木雅博「古式古墳の性格」古代学研究，56，1969
6) 大塚初重「東国における発生期古墳の様相」駿台史学，40，1977
7) 岩崎卓也「古式土師器再考」東京教育大学文学部紀要　史学研究，91，1973
8) 都出比呂志「前方後円墳出現期の社会」考古学研究，26—3，1979 など
9) 斎藤忠「古墳方位考」考古学雑誌，39—2，1953
10) 末永雅雄『日本の古墳』1961，朝日新聞社
11) 小林行雄ほか「古墳の変遷」世界考古学大系，3，1959，平凡社
※個別古墳資料の出典は省略した

古代の信仰

文化庁文化財調査官
■ 黒崎　直
（くろさき・ただし）

古代の信仰をうかがわせる考古資料には土馬，人形，斎串，
墨書人面土器など，いわゆる祭祀遺物とよばれるものがある。

信仰をうかがわせる考古学的資料は，決して少なくはない。宮殿跡や官衙跡，集落跡に伴う井戸や溝などを発掘調査すると，人形や土馬などが発見されることがある。また，神奈備型の山を望む地や峠に近い場所から鏡や玉などが発見されることがある。これらの出土品は祭祀遺物と呼ばれるように，信仰に伴って使用された遺物であろう。一方，6世紀末以降に建立され始める寺院跡や10世紀代に出現する経塚などは，仏教という一つの信仰の存在を物語る遺跡といえよう。

しかしながら，考古学的な側面から古代の信仰を復原しようとする試みは，かならずしも多くはない。たしかに祭祀遺物個々についての分析や，寺院跡や経塚など仏教遺跡については，それなりに長い研究史を有しているものの，これらを相互に連繋させ，信仰全体にまで迫ろうとする論考は数少ない。もちろん本文も，この課題を解決する力量はない。ただ，最近の発掘調査で明らかになりつつあるいくつかの祭祀遺物をまとめることにより，古代の信仰の一端に触れることも可能ではないかと考えられる。検討してみよう。

1　土馬の変遷

土馬は体長 15 cm ほどの馬形をした小型の土製品である。馬具（主として鞍）の表現をもつ「飾馬」と，その表現を欠く「裸馬」との2種類がある。古い形式の土馬は，粘土紐や沈線によって馬具を忠実に表わす「飾馬」であって，大阪府羽曳野市誉田出土の一例は，体馬 30 cm に近い大型品である。年代は6世紀ないし7世紀代とみられている。新しい型式の土馬は，馬というよりも犬に近い作りで，当然，馬具をもたない「裸馬」である。奈良市平城京東三坊大路側溝出土の一例は，体長 5.5 cm の小型品となる。9世紀末頃の土馬である。土馬の変遷は，基本的に「飾馬」から「裸馬」へ，大型品から小型品へである。現在のところ，年代の明確な最古の土馬は，奈良県藤原宮跡から出土したもので，「飾馬」10 数点が知られて

いる。また平城宮や京跡からは 8，9 世紀代の土馬が数多く出土しているが，8世紀前半以降は「裸馬」が主流を占め，それを境に出土数も飛躍的に増加するようである。

土馬はいかなる目的で作られ，どう使われたのか。明確な答えは出せないが，一般に指摘されているように，祈雨祭祀に関連する遺物と考えて大きな誤りはないだろう[1]。祈雨祭祀は，農耕儀礼の一つとして重要な位置を占め，おそらく弥生時代以来さまざまな祭祀がとりおこなわれてきたであろう。しかし，出土品である土馬からすると，初現は少しく遡る可能性があるものの，土馬を用いる祈雨儀式が本格的に整備完成されたのは，藤原宮の時期であろうとみなされる。そして8世紀代の平城宮の時期に至って一層の発展をみたということになる。

2　人形の儀式

人形は全長 20 cm，厚 5 mm ほどの薄板の側辺を加工して，人間の全身像を表わしたもので，目・鼻・口などを墨書で表わすものもある。人形は，首（肩）部と腕および脚の作り方で数種に区分される。藤原宮跡の溝から出土した人形は，上下同角度で首部を切り欠くやや撫で肩風の作りで，手は両側辺下方を切り込んで表わす。この人形は，現在知られている中でも最も古い出土例であって，7世紀末頃の形態が判明する。一方，平城京東三坊大路側溝から出土した一例は，上方から斜めに下方からはほぼ水平に切り欠く怒り肩風の作りで，手の位置に段差を作るのみで腕全体の表現はない。この人形は9世紀後半頃の遺構に伴うもので，藤原宮跡出土のそれと比較して形態上の変化がみられるのである。また，この東三坊大路側溝からは，全長 1.7 m にも及ぶ等身大の人形が出土しており注目される。ここでは祭祀品の大型化がみられよう。さらに福岡県の沖の島遺跡からは，木製の人形と同様な形態をもつ金属製の人形が発見されている。材質による差異がいかな

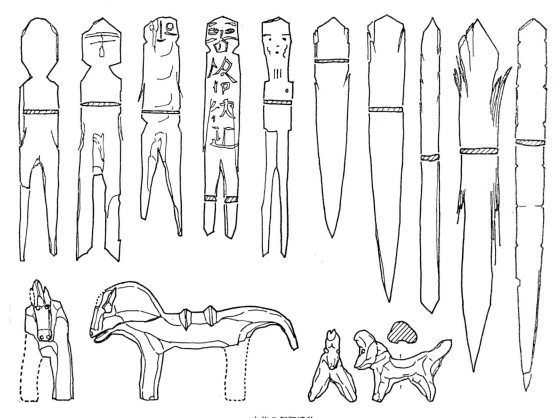

古代の祭祀遺物
上左5点：人形　上右5点：斎串　下：土馬（人形・斎串は約 1/3，土馬は約 1/5）

る意味をもつものかは，今後の検討にまつところが大きい。

さて，人形はこれまでの研究によると，祓いの儀礼に用いられた祭祀品であると理解される[2]。「延喜神祇式」には6月，12月の年2回，晦日の大祓いに用いられる品目が列記されているが，その中に「金銀人像」や「木人像」の名がみえる。また「禁秘御抄」には，人形に息を吹きかけながら身を撫でたのち，それを河に流し去る様子が描かれていて，人形の使用法の一端がうかがえよう。人形はまさに，自身の穢れを転化し祓い流す形代だったわけである。

3　斎串の性格

斎串は全長 20cm 前後，厚さ 5mm ほどの薄板の上端を圭頭状に作り，側辺の上端付近に削りかけを施したもの。削りかけの形状によって数種類に区別できる。現在知られている斎串の最古の例は，奈良県天理市和爾遺跡の井戸跡から出土したもので，6世紀後半頃とみられている。鋭角に作る圭頭部と一回きりの削りかけが特徴的である。7世紀代では藤原宮跡や静岡県伊場遺跡などに出土例がみられるが，8世紀代の遺跡と比べると出土数は少ない。平城宮跡の場合では，8世紀中頃以降に出土数が飛躍的に増加するようである。その形状も側辺の数ヵ所に削りかけを施すもの，側辺の 10 ヵ所近くにV字形のきざみを施すもの，1ヵ所で 10 数回も削りかけを施すものなど種類が豊富となる。また1mをこすような大型品も現われ，9世紀代へと展開していく。

斎串は，いまだに使途が不明な祭祀遺物である。その形態から祭祀に用いられた「神聖な串」であろうとは推測できるものの，具体的な内容になると明らかでない[3]。一説には「延喜神祇式」の毎月晦日御贖料などにみえる「挿幣帛木」がそれで，人形などとともに祓いの祭具であろうとする。また「豊受皇太神宮年中行事今式」にみえる「鉾」だとする説や，祭場などで聖域を区画するもの，あるいは神への供物を標示するものとする考え方もあり定まらない。現状では多様な使用方法を想定しておくとしても，7世紀末頃に本格的に出現し，以降8世紀代に展開していく変遷は，

33

人形と同様であって，出土遺構が類似することもあって，ともに関連深い性格がうかがえるのである。

4 墨書人面土器の出現

墨書人面土器は小型丸底風の土師器壺の胴部に人面を 1〜2 面ないし数面描いたもの。皿や杯などの内底面に人面を描いたものもあるが，それらは若干性格が異なるかも知れない。ともあれ，描かれた人面は髭面のものが多い。出土遺跡は，奈良・京都・大阪など畿内と多賀城跡を中心とする宮城県下に集中する傾向がみられ，いずれも 8 世紀後半から 9 世紀前半の時期を示している。

この描かれた人面は，「疫病神」だとか「餓鬼」だとか説かれている。いずれにせよ人間の顔を表わしたものではなさそうである。「延喜神祇式」には，大祓いの時，天皇が小さな壺の中に息を吹き込む儀式がみえる。この壺の中には小石が入っており，それが鈴の如く鳴るという。おそらく天皇の弱まった気を壺の中に移して封じ込め（口を紙や布などで密封するのであろうか），河に流し去るのであろう[4]。そう考えると，壺に描かれた顔は，流し去るべき「疫病神」や「餓鬼」のシンボルということになる。静岡県伊場遺跡からは，内底面に人像を描きその中に「海部尻子女」と墨書した皿形土器が出土している。ここでは，描かれた人像は「疫病神」ならぬ人間である。おそらく皿の上に供物などをのせ，川へ流すことにより，病気の「尻子女」の本復を祈ったのではなかろうか。そこに壺形土器とは若干異なる様子がうかがえよう。

5 信仰とその背景

祭祀遺物を取り上げ，その変遷を簡単にまとめてきたが，それは三様の在り方があった。第 1 は，土馬・斎串のように 7 世紀末頃を境にして大量に出現するが，系譜はそれ以前に遡るもの。第 2 は，人形のように 7 世紀末頃に突如として出現するもの。第 3 は，墨書人面土器のように 8 世紀後半の時期に出現するものである。そして，土馬・斎串・人形ともに，墨書人面土器が出現する 8 世紀後半に一つの転換期をもっているのである。

土馬・斎串・人形が顕著に現われる 7 世紀末頃は，いうまでもなく，古代律令国家の成立期である。壬申の乱の勝利により支配層を掌握したのちの天武・持統朝は，天皇の絶対的地位を確立するため各方面で策をこうずる。それは信仰の分野でも同様で，従前のあるいは新来の祭祀を統合しながら律令制祭祀として再編し，古代天皇制の確立に援用したものとみなせよう。ここでは触れなかった仏教もまた同様で，国家仏教として保護と規制の網の中で最大限利用したものであろう。

律令制祭祀の内容は，「延喜神祇式」の中にみることができるが，そこで用いられた祭具の組合せのいくつかが，前述したように，木製・土製品として遺跡から出土するわけで，考古学的にも律令制祭祀の確立が藤原宮の時期にあるとみなせる。そして，平城宮の時期に至り，早くも一つの転換期を迎えるのである。

前述した祭祀遺物は，8 世紀中頃に多様化の傾向がうかがえるが，それをもって律令制祭祀の発展とは必ずしも理解できないようだ。頻発する政権争いや百姓の浮浪・逃亡は，律令制の基盤を大きく揺るがすものであり，世情不安を醸し出していた。このような中で，現実の苦悩や苦痛，病気などからのがれるべき信仰はより多様さが要求されたであろう。それは出土数の増加が示す祭祀の頻繁さ，規模の変化が示す祭祀具の巨大化など，祭祀の形式化の途へ進み，律令制祭祀そのものを変化させて行ったのである。それとともに，新来の信仰や儀礼は穏当なものは律令制祭祀の体系の中に組込まれ，逆にその流行の弊害著しいものは弾圧されながら，信仰の世界は中世に向けて変転していくのである。

註
1) 小笠原好彦「土馬考」物質文化，25，1975
2) 金子裕之「古代の木製模造品」研究論集，Ⅵ（奈良国立文化財研究所学報，38）1980
3) 黒崎直「斎串考」古代研究，10，1976
4) 水野正好「祭礼と儀礼」古代史発掘 10—都とむらの暮し，1974

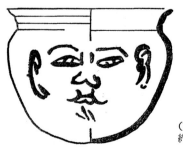

墨書人面土器
（東大阪市弥刀出土，約 1/4）

中世の信仰

県立安芸府中高校教諭
■ 山県　元
（やまがた・げん）

中世は木製品など新しい研究対象の出土が増加しており，考古学だけでなく他の分野からの検討も必要になってきている

　近年の中世遺跡の考古学的調査は，その大半が開発に起因する記録保存（調査後破壊消滅してしまう）が普通の緊急発掘調査ではあるが，集落跡，山城・居館跡，墳墓などを中心に飛躍的に増加してきている。それに伴い仏教関係を中心とする宗教遺跡・遺物の調査例もかなり増えてきた。従来この分野は，石造物・古墓・仏具など目に触れやすい事物に対する調査研究が主で，とくに戦前までの中世考古学といえばほとんどこの分野であった。ところが，最近ではこれまでほとんど知られていなかった地表面下に埋没した遺跡から興味ある遺構・遺物が続出してきている。とくに井戸・溝・池といった水に関係する遺構で，しかも現在なお水が豊かな場所からは大量の木製品が出土する場合がしばしばみられるようになった（木製品は，水分の少ない遺跡ではよほどの条件が揃わないかぎり残らないものである）。それらの木製品の中には墨書のあるものも少なくなく，数少ない文献資料を補いつつある。また，その中に「呪符」，「形代」といった中世の信仰を物語る遺物がしばしば含まれていることがあり，新しい調査・研究の分野になりつつある。ここではこの新しい分野を中心にその調査研究状況の概要をまとめてみたいが，その前に従来の分野を若干整理しておく。

1　従来の研究分野

　中世の信仰についての考古学的な調査研究は大きくは3つの分野に分かれる。主流は仏教分野で，次いで神道分野があり，道教・修験道分野についての調査研究はあまりなされていない。

　仏教分野では，寺院の伽藍・塔・経塚・仏像・仏法具などがあげられる。

　伽藍配置については，奈良時代の平地方形区画の伽藍に対し，平安時代に入ると真言・天台宗などの山岳寺院の伽藍が出現し，さらに鎌倉新仏教の展開とともに，禅宗寺院・浄土宗寺院・日蓮宗寺院などの伽藍が展開する。今日でもこれらについての調査例は若干ではあるが増加しつつある[1]。

　塔については，大きくは伽藍に伴う塔と，供養としての塔，墓標としての塔の3分野に分かれ，それぞれの分野についての調査研究がなされている。宝篋印塔を例にとると，関東式や関西式などの地域における形式差や，笠の隅飾突起の年代的な変化があげられる。また五輪塔では，宝珠・蓮弁・格狭間の形態の時間的変化が考えられている。

　経塚は，経典を書写して埋納した遺跡で，平安時代から現代にまで続くものである。これも紙本写経を埋納する容器の経筒の形が時代により変化している。鎌倉・室町時代からは一字一石経や青石経と呼ばれるものもみられる。

　仏像では，御正躰と呼ばれるものがあり，平安時代から鎌倉時代にかけては本地垂迹説思想の所産と考えられる鏡像が多くみられるようになる。これは銅鏡の表面に神仏の図像を線刻あるいは墨画で表現したものである。鎌倉時代から室町時代にかけては懸仏が多くなる。これは円形の銅板に神仏の立体図をつけ，懸垂して礼拝したものである[2]。

　仏法具としては，密教系の法具がある。金剛杵・金剛鈴などに代表されるものであるが，最近の調査では，遺跡から飲食器や六器などが出土している[3]。

　他の分野では，神道・道教・修験道個々の分野についての説明は省略するが，信仰の塚とか中世土壙墓・火葬墓・火葬場・呪術具などといったものに注意が払われている。

　信仰の塚とは，古墳とは異なる塚で，庚申塔・供養塔・念仏塚などと呼ばれるものである。

　中世土壙墓については，最近調査例も増加しており，骨蔵器との関連で注目を浴びている。埋葬用具には日用品の転用がしばしばみられ，棺には樋・籠・木箱といったものが，火葬骨の埋納には土鍋・土釜・瓦質甕などがみられることもある。

　呪術具は墨書土器・箟書土器などにみられる。

35

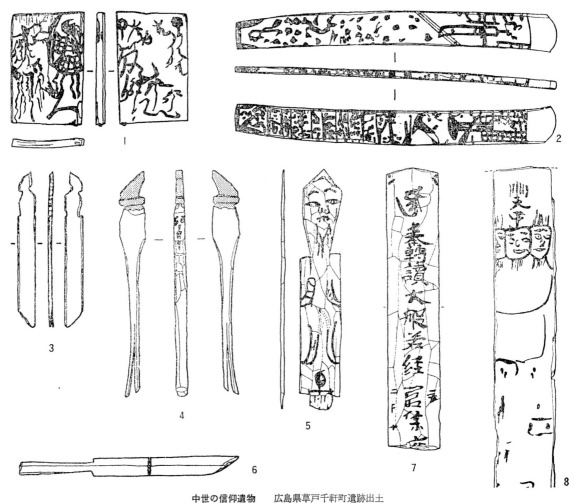

中世の信仰遺物　広島県草戸千軒町遺跡出土
1：墨書戯画木片　2：刀形模造品　3〜5：人形　6：刀形　7：御札　8：呪符（1・2・8は1/2大，3は1/3大，4〜7は1/4大）
＜1〜3・6：草戸千軒年報 1973，5・7：年報 1975，4・8：年報 1976 より＞

その内容は身分・人名・地名・方位・数量・年紀・戯画など多岐にわたり，呪語・吉祥句・習書などからなっているが，他の用途との区別がなかなか難しい。

2　新しい研究分野

広島県の草戸千軒町遺跡は日本における中世遺跡の代表的なものの一つであり，現在もその継続調査が進められている。調査の進展に伴い数多くの貴重な遺構・遺物が検出されているが，なかでも多量の木製品の出土は中世考古学における新分野を開きつつある。港町・市場町と推定される遺跡の性格上，付札・荷札・メモなどに使用されたと考えられる木簡やその削り屑など商業関係のものが多いが，中世の信仰を物語る遺物も少なくない。人形(ひとがた)・舟形・刀形などの形代(かたしろ)や呪符・御札・板塔婆・位牌・柿経(こけらきょう)・笹塔婆などがそれである。これらの遺物は従来の分野の一番最後の呪術具の項にほとんどが属するものであるが，木製品のためなかなか残りにくく，これまでは文献や絵巻物などでわずかに類推される程度であった。その実物が続出しはじめたわけである。これらについての調査研究はまだ緒についたばかりであるが，ここではその現状を草戸千軒町遺跡出土のものを中心にまとめてみる。

① 形代　人形（3〜5）・船形・刀形（6）・陽物形などがあり，このうち人形・船形については分析が試みはじめられている。

人形は穢れや災いを移す身代や調伏の対象である怨敵の呪詛の相手の身代，神を祭るときの神代の代りなどに用いられるもので，奈良時代あたりからみられる。中世遺跡では，草戸千軒町遺跡以

36

外は一乗朝倉氏遺跡（福井県），大宰府遺跡（福岡県），普正寺遺跡（石川県），青戸・葛西城址（東京都）などでそれと思われるものが若干出土している。

形代かどうかについての判定は難しいが，その用途について朝倉氏遺跡のものが共伴の遺物（魚形模造品，帆掛船）などから愛玩用と考えているのに対し，他の遺跡はすべて信仰用とみなしている。大宰府のものは井戸から出土していることなどから降雨湧水の祈願などの祭祀，普正寺では港湾集落における信仰遺物，葛西城では陽物状木製品とともに出土しており，陰陽師や修験者が関係していたものではないかと考えられている。松下正司氏は草戸千軒町遺跡のものの形態分類を試みており，大きくは平面的なもの（3，5）と立体的なもの（4）に分かれ，時代が下るにつれて後者の割合が大きくなることを指摘している。また，墨書外装のある刀形模造品（2）や舟形模造品・墨書戯画木片などとともに出土しているものもあることなどから，その大部分は呪術具であると考えている[4]。

② 呪符・御札　これらは災を防ぎ，福を招くと考えられる呪術具の一つである。呪符の方は病気の治療とか実際に直面している災の打開を願うものであるが，御札は生活が順調に行くための加護を願うものである。また，陰陽道系の神符・霊符を呪符，仏教系の護符・宝印を御札と呼んでいる。これについては志田原重人氏が草戸千軒町遺跡出土のものの分析を試みている[5]。内容的には，呪符では天形星（木星，逐疫神）とか天罡星（北斗星）のように道教の神の名を記したものや，中国の故事と三宝荒神とが習合したもの，「唵々如律令」（陰陽道や修験道で使う呪文）などがあり，御札には「奉転読大般若経」（7）と記されたものなどがある。

天形星は呪文とともに木札に書かれたもので，疫病の守り札と考えられている（天形星はもともと牛頭天王ならびに悪鬼を退治する神であったが，後には牛頭天王と同一視されるようになった）。三宝荒神（火難や盗難を防ぐといわれる神）は木札に３つの顔をもつ像が墨で描かれたもので，中央の顔の上には天中と記されており，井戸の掘方から出土している（8）。

これらの呪符を手がかりに，呪術を学問的にとらえようと試みているのが水野正好氏で，天刑星

（天形星）についての分析などがある[6]。

③ 板塔婆・位牌・柿経・笹塔婆　これらもすべて信仰資料と考えられるもので，柿経には経文が記してあるが，笹塔婆には経文がみられない。

④ その他　弓を引く侍の絵が描かれた墨書戯画（1）が池から出土しているが，これは弓を射て悪霊を祓い，豊穣を祈願する民俗行事を反映する祈願の木札と考えられている。

また，1971年草戸千軒町遺跡で検出された井戸に埋められていた竹が，井鎮に伴う呪術の痕跡であることが水野正好氏によって明らかにされて以来[7]，各地で類例が増加しつつある。

最後に鶴岡静夫氏は，草戸千軒町遺跡で多数検出される鳥獣骨に注目し，放生会の可能性を考えている[8]。

中世の信仰についての考古学的な調査研究は新分野が開かれつつあるが，これらは考古学のみではとても解決できない問題で，民俗学をはじめとする陰陽道・修験道など，他の広い分野からの検討が必要になってきている。

註
1）岩手県の附馬牛（つくもうし）東禅寺（室町時代の臨済宗の廃寺跡）や神奈川県鎌倉市の極楽寺（鎌倉時代，真言律宗），和歌山県の根来寺（真言宗）など。
2）東京国立博物館『鏡像と懸仏』1973
3）広島県の草戸千軒町遺跡，山梨県の勝沼氏館など。
4）松下正司「中世の人形—草戸千軒にみる俗信資料の一端—」考古論集，1977
5）広島県草戸千軒町遺跡調査研究所『草戸千軒—木簡一—』1982
6）水野正好「まじない世界研究の復権」日本歴史，359，1978
　　水野正好「中世なじないの世界」どるめん，18，1978
　　水野正好「西庄中世集落跡の構造と一呪符」和歌山県埋蔵文化財情報，11，1978
7）水野正好「竹筒をのこした一井とその秘呪」草戸千軒，36，1976 ほか
8）鶴岡静夫「古代中世の放生」草戸千軒，89，1980

近世の信仰

福島県歴史資料館学芸員
■ 藤田定興
（ふじた・さだおき）

近世における信仰の研究はこれまで墓制や塚など極めて限られた状態だったが，今後なすべき多くの課題が残されている

　これまで近世の宗教，ことに信仰史の分野に多少なりとも考古学が注目した例は，墳墓を中心とした墓制，あるいは一部の塚や供養塔とその造立の信仰的背景など，極めて限られた分野で，全体的にみれば，近世の宗教史に対する考古学の取り組みが浅いため，まだほとんど手をつけられていないのが実状であろう。したがって，考古学の成果をもって，近世の信仰が解き明かされるような状態にはまだ至っていない。

　しかし，宗教史の対象が，仏教や神道をはじめ修験道や陰陽道，さらに民間信仰やキリスト教などを含む広い分野にあることと，考古学の対象が地下埋没資料のみでなく，地上の伝世資料をも含めて取り扱うべきであることを合わせ考えるとき，実は極めて多くの課題が残されているのである。そこで以下，具体的に近世の信仰に関するこれまでの調査研究の概観と今後の課題を述べていこうと思う。

1　墳墓・塚

　墳墓については中世墳墓発掘の過程で近世墳墓が調査されたり，最近では近世期のみの墳墓に対しても独自の調査がなされ，近世の墓制への関心が高まっている。例えば，熊本県おさき墓地[1]，北海道蝦夷地開拓移住隊士の墓[2]，茨城県松葉遺跡[3]，富山県印田近世墓[4]，伊達政宗の墓[5]，福島県早稲田古墳群[6]をはじめ，報告例は 40 を越えると思われる。報告の内容も精緻な観察がなされるようになり，例えば早稲田古墳群では中世から近世の墳墓土坑 303 基の形状（平面，断面），法量，方位あるいは形状の分類とその比率を記し，また出土資料では古銭の一覧表や人骨の詳細な形態学的研究結果が報告されているなど，近世の墳墓研究における一つの見本となるであろう。

　近世墳墓の課題の一つは土葬や火葬という葬法の違い，あるいは座棺と寝棺の違いが何に起因しているかであるが，今後は年代的，地域的あるいは被葬者の階層などの面からも明らかにされてく

るものと思われる。また納入品についても，例えば六道銭の納入割合やその枚数などが明らかとなり，また保存状況によっては人形や血脈なども発見される可能性があろう。さらに被葬者に鉄鍋を被せた状態での発掘例が青森県八戸市の根城跡や前掲の早稲田古墳群にも報告されているが，レプラ伝染病による死者に対して行なう特殊な葬り方である。今後はこうした特殊な葬法も明らかにされてくるであろう。山伏に対する刑の一つ石子詰の葬法や，行人の入定塚の実態も考古学に期待されるところである。塚については『新版考古学講座』第 8 巻において十三塚，富士塚，行人塚，入定塚，二十三夜塚などが取り上げられており，ことに十三塚については堀一郎氏の研究[7]がある。また古くは梅原末治氏も取り上げたことがある[8]が，塚の多くは未調査である。

2　墓標・供養碑ほか

　周知のごとく，近世はモニュメントを建てることの流行した時期で，その種類は実に多様なものがあるが，考古学的方法によって積極的に取り組まれたことは極めて少ない。この分野では坪井良平氏[9]や木下密運氏[10]の研究があり，今後この種の調査研究の範とすべきであろう。

　墓標の形式については石田茂作『日本仏塔の研究』がある。墓標の調査で注意したいのは標の木である。文献にはよく見かけるが，墓上や葬所に植えられる標の木の存在も，注意によっては検出される可能性がある。民俗学上の問題となっている両墓制についても，考古学の発掘によって解かれるかもしれない。「鴿」をはじめ墓標の頭書については久保常晴氏の研究[11]を近世にまで広げて継承すべきであろう。近世の位牌についても重要な課題である。

　供養牌については『新版考古学講座』第 7 巻「民間信仰」の項において，庚申塔と道祖神が取り上げられたが，この他にも十九夜塔・二十三夜塔・二十六夜塔・己待塔ほかの供養塔があり，ま

た光明真言供養塔，題目塔，名君塔，念仏供養塔，伊勢・金毘羅・古峯原・大山・富士・大峯・羽黒・湯殿ほかの参宮塔，あるいは水神・山神・竈神塔など様々なものがあり，これらの諸碑についても中世の板碑と同様に形状や銘文，立地などが調査分析され，造碑・造塔信仰の実態について究明されるべきであろう。

最近，町や村の諸碑がほぼ網羅的に調査された報告書も出されるようになってきているが，調査方法がまちまちで，充分資料化できていないものも多い。この分野の考古学的な調査方法の確立が待たれる[12]。仏足石については加藤諄氏により集成された[13]。

3 経 塚

近世の経塚および納経資料（一字一石経，礫石経など）については『新版仏教考古学講座』第6巻経塚や『新版考古学講座』第8巻経塚に若干ふれられているが，この種遺跡や資料への関心が薄い上に発掘例も少ない。そうした中で栃木県堀端経塚[14]，福島県中目経塚[15]，宮城県赤岩館経塚[16]，福島県常法寺経塚[17]などの発掘調査報告はいずれも詳細に観察されたものである。ことに赤岩館経塚と常法寺経塚では出土した全経石の調査分析を行ない，前者では一石ごとの寸法（縦，横，厚さ），重量，文字銘，経石の材質を明らかにし，さらに判読される文字から経典の種類を推定している。

経典の推定には常法寺経塚の場合も『法華経一字索引』（東洋哲学研究所，1977）を用いてほぼ法華経であると確認しているが，他の経典の場合このような索引がなく，むずかしいであろう。今後，経典の文字から，書写された経典が何経であるかを推定する手だてを見つけることが課題である。また文字の分析では筆跡を確認することが大切で，一体経典の写経は一人の人物が行なったものか，それとも複数の人が参加しているのか，それによっても書写，埋納の趣旨を解明する手だてともなろう。多くの人数が参加している場合は，多数作善と勧進のあったことを推定する必要がある。筆跡の鑑定によっては性別の推定も可能であろう。

近世の納経では六十六部聖の問題もほとんど手がつけられていない。六部聖の回国と納経は中世に流行しており，彼らが納経した経塚と埋納資料（経筒など）はかなり発見されているが，こうした中世の六部聖の延長とみられる近世の六部聖の供養碑は数多く見うけられるにもかかわらず，まだ本格的な発掘例がないように思う。

4 納骨器・千体仏・巡礼札ほか

元興寺極楽坊の資料が報告[18]されて以来，元興寺文化財研究所により西大寺[19]，当麻寺[20]などの資料が次々と報告され，またこれにならって福島県八葉寺の納骨容器の調査[21]や中尊寺金色堂内の資料（ただし中世のものとされる）[22]も報告されるに至っている。竹筒や木製の小型の五輪塔，あるいは宝篋印塔ほかに人骨や毛髪あるいは記念の物を納めて霊場地に納骨する風習は，中世ばかりでなく近世においても行なわれており（例えば八葉寺，立石寺，室生寺，羽黒山，高野山），この種の資料はまだまだ地方に散見されるものと思われる。福島県でも柳津町虚空蔵堂奥之院釈伽堂には木製の2基の納骨五輪塔のほか，箱形の三界萬霊塔および須弥壇内には夥しい毛髪が納入されていて，ここにも納骨信仰のあったことがわかるし，同県石川町薬王寺にも小型の木製納骨五輪塔がある。

また千体仏や絵馬，巡礼札なども庶民信仰資料として注意されるべきである。千体仏については元興寺極楽坊の中世資料が報告され[23]，近世資料では福島県の資料[24]，奈良県霊山寺の資料[25]などが報告され，その信仰的背景については五来重「印仏と千体仏」[26]，藤田「千体仏信仰について」[27]がある。巡礼札は中世のものが注意されている[28]が，近世の資料についても注意すべきであろう。寄進札の報告例も少ないが，納経札，納経額も未調査の分野である。

近世の版木なども今後の調査課題であろう。こうしたいわゆる庶民信仰資料はこれまで民俗の方で取り扱ってきたが，考古学の面からもともに調査・研究されることを望みたい。中世に比べれば数は少ないが，近世の懸仏も見おとせない[29]。

5 まじない

呪術的な信仰を示す資料（例えば人形や物忌札など）は平城宮跡や草戸千軒町遺跡などから数多く発見され，古代・中世におけるこの種の資料が注目されるようになってきている。かつて藤沢一夫氏は，平城宮跡より発掘された土器片の文字（『我君念』）を『呪咀重宝記』により，離別を願った古代の呪符文字であると解き[30]，その後水野正好氏

福島県大信村の民家
より出土のカワラケ

『両部神道記』屋敷
祭次第の法輪

がこの分野の資料と取り組み次々と解明されている[31]。

ところで，これら古代・中世の呪術の世界を解くに当って参考とされている資料[32]の多くは，近世の密教僧や山伏あるいは陰陽師らの持っていたものである。ということは，この種の呪法が古代・中世のみでなく，実は近世においてもさかんに行なわれていたとみるべきで，今後近世の呪術資料が注目されてくるものと予想される。

例えば，福島県大信村の民家の床下から，写真のようなカワラケに法輪を墨書したものが出土しているが，『修験常用秘法集』の「地鎮祭法」によると，地鎮に際しては土器に輪法や梵字（ 乿 ）を書いてこれに粥の五穀を入れ，蓋をして埋めよとあり，同じく『両部神道記』の「屋敷祭次第」にも同様の事が記されていて，右のカワラケが地鎮祭に使用されたものであったことがわかる。『両部神道記』には紙に法輪を書き，カワラケに入れて埋めよとあるから，法輪を直接カワラケに書かない場合もあるわけである。こうした呪法に使用された木製品，竹製品，土器あるいは紙までも発見されるであろう。

6 キリシタン関係資料

キリシタンの信仰資料にはマリア像や十字架，あるいはキリシタンメダイ，十字架を記した観音像やゑびす・大黒像，それに墓碑や燈籠，茶器，鍔などがある。福島市腰浜町からは9種類，10個のキリシタンメダイと，これに関連すると思われる墓碑も発見されているが[33]，こうした近世のキリシタン信仰資料も，今後考古学の見地から注目すべきである。

註
1) 熊本県教育委員会『おさき墓地古塔碑群』1979
2) 苫小牧市教育委員会『苫小牧市勇仏「蝦夷地開拓移住隊士の墓」発掘調査報告書』1976
3) 茨城県教育財団『竜ヶ崎ニュータウン埋蔵文化財調査報告書』I，1978
4) 魚津市教育委員会『印田近世墓』1981
5) 伊東信雄編『伊達政宗の墓とその遺品』瑞鳳殿再建期成会，1979
6) 福島県教育委員会『母畑地区遺跡発掘調査報告』IX，1982
7) 堀一郎「十三塚」神道考古学講座，5，1972
8) 梅原末治「十三塚」郷土研究，2—3，1914
9) 坪井良平「山城木津惣墓標の研究」考古学，10—6，1939
10) 木下密運「元興寺極楽坊板碑の調査研究」仏教民俗，1967
11) 久保常晴「墓標・位牌に見える中世の頭書」続佛教考古学研究，1977
12) この点については坂詰秀一『仏教考古学調査法』に墓標調査カードの一例が紹介されている。また埼玉県立歴史資料館『研究紀要』1の「板石塔婆調査カードの作製」も参考となろう。
13) 加藤諄『仏足石のために』築地書館，1980
14) 『堀端経塚発掘報告書』1967
15) 「会津坂下町中目経塚」福島考古，17，1976
16) 「赤岩館経塚」東北地建バイパス関係遺跡調査報告書，1981
17) 『常法寺経塚』1982
18) 『元興寺極楽坊中世庶民信仰資料の研究』1964
19) 『西大寺民俗資料調査概報』1971
20) 『当麻寺民俗資料調査概報』1971
21) 『会津八葉寺木製五輪塔の研究』1972
22) 「中世岩手県の庶民信仰資料」東北民間信仰の研究，上，1982
23) 『日本仏教民俗基礎資料集成』5，1974 ほか
24) 「福島県の千体仏」福島考古，年報I，1977
25) 『霊山寺民俗資料緊急調査報告書』寄進札・千体仏，1978
26) 『元興寺極楽坊中世庶民信仰資料の研究』1964
27) 『福島の民俗』5，1977
28) 久保常晴「巡礼札について」佛教考古学研究，1977
29) 最近では『岩手の懸仏展』に多くの近世懸仏が報告されている。
30) 藤沢一夫「古代の呪咀とその遺物」帝塚山考古学，1，1968
31) 水野正好「竹筒をのこした一井とその秘呪」草戸千軒，36，1976，同「三宝荒神符と天中の呪句」草戸千軒，47，1977 ほか
32) 例えば『呪咀重宝記』『修験常用秘法集』『まじなひ秘伝』など
33) 長島正夫「腰浜賤民住居跡のキリシタンメダイについて」福島史学研究，復刊6，1968，同「福島市腰浜出土のメダイ」福島考古，23，1982

北の信仰

東京大学文学部助手
■ 宇田川 洋
（うたがわ・ひろし）

北海道における古代の信仰を考古学的に究明する場合，まず
クマ・海獣・水鳥などを中心とする動物意匠遺物が考えられる

　宗教考古学の中でもいわゆる精神文化，信仰を考古学的に究明していくことは，そこに残された物質文化から推測するという方法論をとらざるを得ず，制約が多い。表題のテーマで北海道を中心としたその問題を考える時，その素材となるものには遺物に残された動物意匠がある。
　かつて名取武光[1]，松下亘[2]は，北方の動物意匠遺物を集成されている。その概要は以下のようである。北海道においては縄文早期の土器底面のホタテガイの圧痕に始まり，わずかずつではあるが縄文時代全般にクマなどがみられ，続縄文文化とくに恵山文化に多出する。クマが多く海獣も出現する。後北文化には少なく，擦文文化では残存遺物は皆無といえる。オホーツク文化ではクマのデザインが多くみられ，海獣，水鳥も多くモチーフされている。そこで本小論では，クマの意匠を中心に北海道の動物意匠ならびにその系譜について考えてみたい。

　北海道において，クマと考えられる意匠は縄文早期にすでに出現している。写真上の資料は，標茶町二ツ山遺跡第3地点から出土したものである（町教委1979発掘，未報告）。石刃鏃といわゆる女満別式押型文土器に伴っている。長さ8.2cm，高さ4.0cm。左側の頭蓋部の幅は4.2cmである。右側は鼻を表現したと思われ，中央付近には眼が穿孔されているが眼窩の如く見え，全体にskullを表現した感じである。軽石製である。
　縄文中期のクマの意匠には石偶がある。長万部町，静内町，由仁町で出土しているが，後二者はともにアイヌのsapaunpe（被り物）につけられるクマを主体とした木偶と同じ信仰が考えられている。縄文晩期では上磯町の土器の把手に表現された例がある。続縄文期の恵山文化のものとしては，森別町，七飯町，豊浦町，尻岸内町などで出土している。土器の把手や突起部，骨器の柄などに表現されている。同じ続縄文期の後北文化の例としては，常呂町岐阜第2遺跡のものが唯一である

クマの意匠遺物
上：二ツ山遺跡第3地点　中：岐阜第2遺跡　下：川西遺跡

（写真中）[3]。後北C₁式土器の口縁に4個の突起があり，すべてクマの頭部を表現している。続縄文期と考えられる他の1例は常呂町トコロチャシ南尾根遺跡でも出土している[4]。黒耀石製の石偶で，クマもしくは海獣かといわれる。
　オホーツク文化のものはオホーツク海沿岸地域で数多く出土している。写真下は湧別町川西出土の牙偶である。長さ9cm，高さ5.3cmである。本例はすでに渡辺仁[5]の指摘にもあるように腹から胸にかけての刻線が，樺太アイヌのクマ送りの際のクマの装束（腹帯）と関連がある。北海道アイヌもまたponpake（前垂れ）を着せる習慣があることから，オホーツク文化のクマ送り儀礼とアイヌ文化のiomante（クマ送り）の類縁関係が理解できるものである。オホーツク文化の他の動物意匠遺物については割愛するが，大塚和義の論考[6]を参考にしていただきたい。

以上，クマの意匠遺物について概観してきた。大塚[6]によると，オホーツク文化の信仰対象は婦人像の如き偶像を中心に，一方に山の神であるクマ，他方に海の神であるシャチを置く図式を想定されている。これはアイヌ社会における kimun-kamuy（山の神・クマ），repunkamuy（沖の神・シャチ）の対置法と類似しており，オホーツク文化の神観念はシャーマニズムに立脚するとされる。

ところで，北海道の動物意匠遺物をその種類別にみると，クマ・海獣・水鳥・その他に大別することができる。縄文時代ではクマ，その他が半々の割合で出現し，続縄文時代はクマ 57%，海獣 13%，水鳥 0%，他 30%，オホーツク文化はクマ 38%，海獣 29%，水鳥 11%，他 22% の割合である。クマ信仰の度合が縄文，続縄文に強く，オホーツク文化に至ってクマ，海獣，水鳥信仰の分化が進んだとみることができる。これはアイヌの kimunkamuy，repunkamuy 二分制の観念と共通するものである。ちなみに，河野広道[7]は，アイヌの祖先を表象する印としての ekashi-itokpa の基本形を考えているが，確実なものとして，クマ，シャチ（またはイルカ），トリの三者であるとしている。あるいは動物意匠で表現されるものは

この ekashi-itokpa と関係するのかもしれない。アイヌの祖先たる擦文人の残した物質文化の中に現存しているものがないため多くを語れないが，問題提起としておきたい。擦文土器の底部に刻まれることがある itokpa に似た記号についても考えていく必要があろう。

末筆ながら未公表資料の提供をいただいた豊原煕司氏と藤本強・米村哲英氏にお世話になったことを記して謝意とする。

註
1) 名取武光『北日本に於ける動物意匠遺物と其の分布相』北大博物館，1936
2) 松下亘「北海道とその隣接地域の動物意匠遺物について」北海道考古学，4，1968
3) 藤本強・宇田川洋編『岐阜第二遺跡—1981 年度』常呂町，1982
4) 藤本強編『トコロチャシ南尾根遺跡』常呂町，1976
5) 渡辺仁「アイヌ文化の源流」考古学雑誌，60—1，1974
6) 大塚和義「オホーツク文化の偶像・動物意匠遺物」物質文化，11，1968
7) 河野広道「アイヌとトーテム的遺風」民族学研究，2—2，1936

南 の 信 仰

鹿児島大学助教授
■ 上村俊雄
（かみむら・としお）

南西諸島の埋葬，祭祀遺跡は未解明の点が多いが，九州系，
大陸系，あるいは島嶼固有のものなどが複合して一様でない

薩南諸島から八重山諸島まで，1,200 km に及ぶ南西諸島の先史時代に，共通の宗教が存在したかどうかは現段階では断定しがたい。

しかし，宗教に何らかの関わりがあり，当時の精神生活を解く手がかりとなるものに，埋葬遺跡・祭祀遺跡・祭祀品（呪具）などがある。それらは九州系，大陸系，あるいは南島の北部・中部・南部文化圏の島嶼固有のものなどが複合して，一様ではない。以下，時期差，地域差を考慮しながら代表的な調査例をあげて検討したい。

沖縄県具志川島遺跡[1][2]

伊是名村に所属し，伊是名島と伊平屋島の間に横たわる細長く低平な小島である。第 2・3 次調査で，岩陰の埋葬遺構（縄文時代後期相当）が発見

され，集骨・再埋葬・焼骨などが確認された。人骨の周辺に水磨をうけたシャコ貝，シャゴウが置かれており，とくにシャコ貝を頭骨の近くに置いた例とシャコ貝の内側に頭骨片と思われる黒く焼けた骨片がこびりついた例が注目される。他にオオベッコウカサ貝製貝輪8個着装の男性人骨は沖縄初見の貝輪着装例である。

沖縄県木綿原遺跡[3]

沖縄本島中部，東シナ海に面した読谷村の海岸砂丘上に所在する。丸い石灰岩塊や板状サンゴ石灰岩の石群の下から箱式石棺群7基が発見された。箱式石棺は沖縄初見の葬法で弥生式土器を伴っている。九州から伝播した葬法であろう。1号石棺墓は壮年男性（3号人骨）で，うつ伏せの伸展

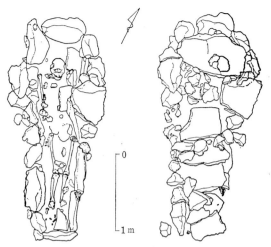

シャコ貝を身体各部に覆った人骨出土例
木綿原遺跡第5号箱式石棺(左:蓋石を除去した後 右:蓋石を架した状態)(『木綿原』より)

葬である。両足が2個のシャコ貝で覆われ、額部にはサラサバテイの頂部を押しあててあった。4号石棺墓は熟年男性(8号人骨)の仰臥伸展葬で、オオベッコウ製貝輪3個が副葬されている。1個は眼の上に、他の2個は胴体部に置き着装の状態ではなかった。5号石棺墓は成人男性(9号人骨)の仰臥伸展葬である。遺骸の頭部のまわりや左腕、胸部に水磨をうけたヒメジャコ、クモガイを身体に密着した状態で副え置かれている。シャコ貝は7号石棺の北小口付近と石棺外の第1号人骨頭上にも据え置かれており、シャコ貝に呪力的意味を認めることができる。

鹿児島県広田遺跡[4][5]

熊毛郡南種子町平山字広田の砂丘に所在する弥生時代前期末から後期にいたる埋葬遺跡である。およそ100体をこえる人骨が発見され、上層・下層の2層に埋葬されている。上層人骨は集骨・再埋葬が行なわれており、焼骨層もみられる。自然礫やサンゴ塊で囲んだ礫槨に集骨・再埋葬されたものもある。集骨群に彫画貝製品(貝符)、貝製飾玉、貝輪などおびただしい貝製品が副葬されている。下層人骨で極端な屈葬位を示すものは大部分が女性骨であり、竜佩と饕餮文系貝製品の装着状況から見て巫女と解釈されている。小児骨には夜光貝で覆った例が見られる。

まとめ

南西諸島の埋葬・祭祀遺跡は、これまでに10数例しか知られておらず、まだまだ未解明の点が多いが、現時点で「南の宗教」を考える上で重要な意味をもつであろうと思われる遺跡例について触れてみた。最も注目に値いするのは、シャコ貝を頭部・顔面・腕部・胸部などに覆う習俗である。具志川島遺跡(縄文後期相当)、木綿原遺跡(弥生前期末)、渡名喜島南部落付近[6](17世紀以降)の埋葬例から見て、沖縄諸島では相当長期間に及んでいる。広田遺跡では小児骨を夜光貝で覆った例も見られる。これらは貝に呪力があるとみなし死霊をおさえこもうとした意図が感じられる。

広田遺跡において、極端な屈葬位で埋葬された女性骨は饕餮文をもつ貝製品を伴出しており、生前は巫人であったと推定され、女性的な骨格をもつ男性骨は饕餮文系貝札、竜形のペンダント、虺竜文を彫刻したゴホウラ製貝輪などを伴出しており、「双性の巫」[4][5]と推定されている。これも貝製品に呪力をもたせた例であろう。

また、自然現象に左右されやすい先史時代においては、食糧資源の確保は生死に関わる重大事である。動植物の繁殖・生産・豊作・航海安全などを祈るための祭祀は重要な行事であったと思われる。彼らの生活をおびやかすもの(天候の急激な変化・荒れる海など)に直面した時、不可思議な力をもつもの(神)の存在を怖れ、そのものの怒りを鎮めるため、また死霊の浮遊を封じこめるために、さまざまの形で呪術が行なわれたに違いない。そのような環境の中で、呪術が重要な要素となり、呪術者(巫者)が出現し、原始的な祭祀儀礼が誕生したのであろう。彼らが拠り所とするもの、彼らを守護するものの存在を信じるようになり、それらを信仰の対象とし原始的宗教へと発展したものと考えられる。以上の他、スイジ貝・サンゴ・骨製品などに呪力をもたせたもの、海浜・孤島などにおける祭祀遺跡などがあるが、紙数の関係で触れることができなかった。

註
1) 沖縄県伊是名村教育委員会『具志川島遺跡群第二次発掘調査報告書』1978
2) 沖縄県伊是名村教育委員会『具志川島遺跡群第三次発掘調査報告書』1979
3) 沖縄県読谷村教育委員会・読谷村立歴史民俗資料館『木綿原』1978
4) 国分直一・盛園尚孝「種子島南種子町広田の埋葬遺跡調査概報」考古学雑誌、43-3、1958
5) 国分直一『南島先史時代の研究』慶友社、1972
6) 沖縄県立博物館・渡名喜村教育委員会『渡名喜島の原始・古代展』1981

特集●神々と仏を考古学する

宗教考古学の諸相

各宗教の考古学的研究はどのような方法がとられているだろうか。各宗教にかかわる遺跡・遺物を個別的にとりあげて考察する

神道／仏教／道教的世界／修験道／キリスト教

神道 ■ 佐野大和
（さの・ひろかず）
國學院大學教授

神道考古学は、その「神道」という言葉自体はなはだ漠然としているが、日本民族信仰の考古学的研究と定義づけられよう

1 神道考古学の成立

神道考古学は、1935年（昭和10）「神道考古学の提唱と其組織」を発表した大場磐雄先生が、1975年『神道考古学講座』（以下単に『講座』と呼ぶ）の編集企画を進め、その完結を待たずに永眠するまで、およそ40年にわたり、一人で築き上げた日本考古学の一分野である。『講座』全6巻はその集大成で、遺弟たちを中心として1981年完結を見たが、神道考古学の全容については、すべてこれを参照されたい[1]。

その第1巻に大場先生は神道考古学を定義して「わが国固有の信仰の発生と、それから起った宗教現象とを、遺跡遺物を通じて考究する、宗教考古学の一部門である」といい、「西欧における基督教考古学や、わが国の佛教考古学がすでに考古学の一分科として提唱されているが、神道考古学もまた同じ基礎に立って、神道に関する諸現象を考古学的に考究する学問だ」と説いている。昭和10年代、すでに古瓦の様式や伽藍配置の研究なども進み、古くからとりあげられていた経塚遺物や仏像・仏具などの研究と相俟って、仏教考古学という分野が、西欧における基督教考古学とともに、宗教考古学の独立した一分科と認められていたのに対し、神道考古学もそれらに比肩すべき内容と体系組織をもつのだ、と主張したのであった。

しかし、同じ宗教考古学といっても、仏教考古学・基督教考古学と、神道考古学との間には大きな相違があった。仏教（基督教）考古学は、仏教（基督教）にかかわる遺跡・遺物を研究するものであるが、神道考古学の場合には、その「神道」という言葉の内容が、はなはだ漠然としており、読者によって如何様にも受けとり得るからである。大場先生は「神道思想すなわち日本民族宗教」とする立場をとった。

したがって神道考古学を「1 神道前期，2 原始神道期，3 文化神道期」と3期に分つ大綱を立て、「1の神道前期は神道的な信仰形態の未定着期ともいうべき時期で、専ら縄文文化期を意味する。なお最近になって明瞭の度を増した無土器文化期も当然包含される」「2の原始神道期は考古学上からは弥生文化から古墳文化時代にわたる期を意味する」と説明しつつも、一方においては『講座』の編成にあたって、第1巻・前神道期の中に、縄文時代及び弥生時代の信仰遺跡と遺物をまとめて説いている。弥生時代を神道以前とすべきか、原始神道期に入れるか、最後まで決め兼ねていたのであるが、縄文時代や無土器の時代にさかのぼる信仰・習俗までを「神道考古学」の領域

に含むとすれば，これは仏教考古学・基督教考古学のような，特定宗教の枠内における考古学ではなくて，「古代学」とでも名付くべき大きなひろがりを内包するものであった。

それよりも，大場先生が神道考古学を樹立した本領は，祭祀遺跡・祭祀遺物の概念を確立したことにあった。前記「神道考古学の提唱」に続いて，1943年『神道考古学論攷』(草牙書房刊) を公にした先生が，1970年に至り古稀を記念し，学位論文を軸として発表した大著に，「神道考古学の基礎的研究」の副題をつけながら，書名を『祭祀遺跡』としたことにも，それはあらわれている。神道考古学において中心となる資料は，祭祀遺跡とそこから発見される祭祀遺物だとする考え方である。

2 祭祀遺跡の種類

祭祀遺跡とは，狭義には「原始神道期(主として古墳時代)において神祭りを行ったことを考古学上から立証し得る跡」とされる。しかし広義には「嘗てその場所で神霊をまつり，又はそれに関連する信仰行為が行なわれたと推察し得る場所」をも広く含めて祭祀遺跡と呼ぶことも少なくない。したがって，縄文時代の，土偶の特殊な出土状態を示す諸遺跡の例や，秋田県大湯町などをはじめとする環状列石・配石遺構，または銅利器や銅鐸などを埋納した弥生時代の特殊遺跡とか，降っては日光男体山頂や羽黒山鏡ヶ池，和歌山県阿須賀神社境内など，古社の所在地に関連して，祭りの行なわれた址を，祭祀遺跡と呼ぶのは広義の例である。

狭義の祭祀遺跡として古くから著名なものは，奈良県大三輪町，大神神社一帯の地域である。同社には古来本殿がなく，三輪山それ自体を御神体とするが，秀麗な円錐形の山容が，神霊の憑依する条件と考えられていたもので，その南麓の辺津磐座(へついわくら)と称する巨岩の露出地や，西麓の馬場山ノ神遺跡から，銅鏡・勾玉・管玉・石製模造品・土製模造品・須恵器など多量の祭祀遺物が出土し，三輪山の神を祭った遺跡とせられている。大場先生はこの種の山を「神奈備式」霊山と呼んだが，祭祀遺跡を伴う神奈備式の山としては，神道考古学に目を開く端緒となった静岡県三倉山をはじめ，福島県建鉾山[2]・三重県南宮山などが著しい。これら集落に臨んだ神奈備式に対して，「浅間式」霊山と称するのは，いわゆる高山大嶽で，遠方から仰ぎ見てその神霊を畏怖崇敬したもので，関東の名山赤城山南麓の群馬県櫃石遺跡，遙かに霊峰男体山を拝する宇都宮二荒山神社境内，安達太郎山を拝したと思われる福島県正直遺跡，長野県蓼科山霧ヶ峰遺跡などはこれに属する。

神奈備式・浅間式の両者とも，山容が円錐形または笠形を呈し，筑波山や二上山の如く山頂が2峯あるもの(延喜式に筑波山神社二座，葛木二上神社二座とある)，京都稲荷山の如く3峯あるもの(式に三座とある)もあり，いずれも山頂に神霊の憑依するを信じて祭祀の対象としたものである。

上記赤城山南麓の櫃石は同山の爆発による熔岩の露頭であるが，その下から石製模造品・小形手捏土器・土師器・須恵器などが出土しており，同県境町の姥石とともに，もと赤城山の神を祀った磐座(いわくら)と考えられている。長野県神坂峠・同雨境峠・神奈川県足柄峠などでは，峠神を祀った祭祀遺跡が発見されているが，中でも雨境峠では鳴石と呼ぶ磐石を中心として祭器類が出土しており，これを磐座として，手向の幣を献供したとされている。

巨石・奇岩を神の憑依する聖物としたことは古典にも顕著にあらわれているが，島根県飯石神社(式内社)の如く，これも社殿の設備なく，自然に磐居する巨石が御神体で，その傍から多数の須恵器が出土し，岡山県高島の岩武明神北方でも土師器・小形手捏土器・石製模造品が発見されている。これらは磐座というよりも，むしろ信仰の対象となった石神そのもので，神奈川県大山の石尊権現，群馬県榛名神社の御姿石，和歌山県神倉神社の天磐盾やゴトビキ岩，または茨城県鹿島神宮の

三輪山　山自体を御神体とする

要石などの如く，古代における巨石（霊石）信仰の遺跡といえよう。出雲・播磨・肥前などの古風土記にも石神に関する記事は少なくないが，延喜式内社の中にも，その社号から石神を祀ったと考えられるものは 70 社を超える。その他，鏡石・御座石・降臨石・御膳石・亀石等々，特殊の名を伝えて信仰の保存されている民俗例は全国にわたり枚挙にいとまがない。

山・石と並んで河川・湖沼・井泉・瀑布，時に温泉など，水霊に対する信仰も注目され，例えば常陸風土記に見える沼尾池からは須恵器・古鏡が発見されており，上記赤城山々頂の小沼と呼ぶ火口湖からは，藤原時代を主とする多数の和鏡が発見されている。山形県羽黒神社本殿正面の鏡ヶ池から 600 面に及ぶ鏡鑑類が出土したことは著名であり，島根県八重垣神社境内の鏡池からも土馬・須恵器及び多数の古銭が発見されていて，湖沼・池泉の神霊に対して献供したものと考えられる。

また，樹木は考古学上の資料としては遺存し難いが『永久四年百首』に見える「いこま山手向はこれか木の下に石くらうちて榊立てたり」の古歌や，『万葉集』の「御諸の神名備山に五百枝さし」「三諸の山に斎ふ杉」，『古事記』の「みもろのいつかしがもとかしがもと」などの如く，樹木に神の降臨を仰いで祭祀を行なうことも多かったと思われる。静岡県古楠神社は，もと老楠樹を御神体として本殿を有しない社であったが，その根元から子持勾玉が出土し，福島県三森の祭祀遺跡の中央には一株の老槻があり，俗にお月夜様と呼ばれているなどは，茨城県鹿島神宮本殿裏の，鏡石の前に立つ老杉の根元から藤原時代の経筒が発見された例とともに，古い樹木信仰の名残りと考えてよかろう。

さらに注目すべきは福岡県沖の島遺跡で，古来宗像神社沖津宮の鎮座する玄海灘の孤島が，全島神域となっており，島内の巨巌をめぐる岩陰や包含地，または御金蔵と称する岩窟から，優秀な古墳副葬品にも匹敵する多量の奉献品や須恵器・土師器類・多様の石製模造品を含む祭祀遺物が続々と発見され，古代日韓交渉史上における，重要な祭祀遺跡として見逃し得ないものである。ことに滑石製の舟形・人形・馬形の模造品などは他に類をみない。沖の島が，海上交通守護の霊神として朝廷からも道主貴の尊号を奉られた神の島であったことはいうまでもないが，瀬戸内海の岡山県大

飛島遺跡，同県高島の岩武明神の遺跡，あるいは伊良湖水道に浮ぶ三重県神島鎮座の八代神社の宝物類なども類似の性格をもつものと考えられている。静岡県伊豆半島南端の遠国嶼，夷子島からも小形手捏粗製の祭祀遺物が出土している。

以上の山岳・巌石・池沼・樹木・島嶼など祭祀の対象の明らかなものの他に，伊勢皇大神宮宮域をはじめ，古社の境内またはその関係地で，祭祀遺物を出土する遺跡も少なくない。中でも千葉県魚尾山の式内后神天比理乃咩神社境内や，京都府大宮売神社境内からは石製模造品や土師器や手捏土器，とくに土製模造品などの祭祀遺物が相当多量に発見されている。そのほか，古墳の封土中からしばしば祭祀遺物の発見されることがあり，前方後円墳の場合にはその括れ部や造出部，または前方部の一部，ある時は周濠内からの発見例もあって，墳墓のまつりが適宜行なわれたことを物語っており，また時としては一般の竪穴住居址から祭祀遺物が発見されることも知られている。

上記のほかにも，祭祀の対象と思われる何の標的も，関係施設もなく，単独に祭祀遺物のみが出土する場合も少なくない。中には調査不十分で，偶然発見であるため，性質不明なものも含まれるが，例えば愛知県馬見塚，千葉県東長田，茨城県弓馬田村，宮城県丸森町小斎などでは，特定の限られた範囲内に祭器と思われる大小の土器類が重なり合って，あるいは密接して一括出土し，土器の中に石製模造品が挿入されたものもあって，祭祀終了後に，所用祭器類をそのまま埋納したものかと考えられている。前に触れた静岡県の三倉山を拝したと思われる伊豆吉佐美の遺跡や，群馬県姥石なども，相似た性質の遺跡であるが，山口県見能ヶ浜の例などは，弥生土器や土師器の遺物散布地の一角に，滑石製模造品を多量に出土する個所があり，その未製品も相当混入しているというから，あるいは祭器の製造所でもあったかと考えられている。

ほかに，その奇異な形状のためにはやくから注目されながら，明確な出土状態に乏しく，考古学上のスフィンクスとも称される子持勾玉の出土地や，土製・滑石製の馬形模造品の発見地などをも含めると，祭祀遺跡はおよそ次の 3 種 7 項に分類される。

A　遺跡を主とするもの（祭祀の対象の明らかなもの）

1 自然物を対象とする遺跡
　　山岳・巌石・樹木・湖沼池泉・海洋島嶼など
2 古社の境内及び関係地
3 墳墓
4 住居址
B 遺物を主とするもの（祭祀の対象の不明なもの）
1 祭祀遺物の単独出土地
2 子持勾玉発見地
3 土馬（滑石製も含む）発見地
C 遺物の発見されないもの

　最後の，遺物の発見されないものとは，古社の境内などにあって，古来信仰や伝説を伴っている，例えば鹿島神宮の要石，奈良県鏡作神社の飛石・神涼石，滋賀県日吉神社の影向石などの類を一括したものである。

3 祭祀遺物の分類

　さて，以上の如き祭祀遺跡から主として出土し，本来祭祀に用いることを目的として製作された，と考えられる資料が祭祀遺物である。したがって縄文時代の土偶や土版・異形石器・石棒の類，または弥生時代の銅鐸・銅剣など，古墳時代の土師器・須恵器の類や，古墳副葬品としても出土する鏡鑑類その他は，とくに祭祀遺物とは呼ばない。要するに祭祀遺跡を特徴づける遺物で，大場先生はこれをおよそ次の如く分類している。

A 石製品
　1 滑石製模造品
　　玉類（臼玉・勾玉・管玉），剣形品，円板（有孔・無孔・不整形），その他（鏡・櫛・釧・紡錘車・刀子・鎌・斧・舟・馬・人など）
　2 子持勾玉
B 土製品
　1 粗製小形土器
　　壺・高坏・盌・皿・甑・釜
　2 土製模造品
　　鏡，円板，玉類（勾玉・丸玉・棗玉・管玉），家什（臼・杵・案・柄杓・箕），武器（弓），動物（人・猪・鶏・魚・貝），植物（蓮実），菓子，その他（円盤・棒状品）
　3 土馬
C 金属製品
　1 銅鏡（倣製漢式鏡・素文儀鏡）
　2 鉄器（鉾・刀子・鎌・鍬・鉇・鏃など）
　3 鉄製模造品（刀剣・斧・刀子）

　上記滑石製模造品から子持勾玉を，土製模造品の中から土馬を，それぞれ抽出してとくに一項を立てたのは，その性質が他とやや異なり，単独出土する例も多いことによる。

　これら祭祀遺物の個々にわたっては『講座』第3巻に詳細であるので，ここには再説しない[1]。ただ，これらの遺物を通じて観取できる性質として大場先生は次の3点を強調している。その第1は強い伝統性が尊重されていることで，土器においてはわが国固有の製作品たる土師器が専ら使用され，外来文化の所産たる須恵器はきわめて少ない。静岡県遠国嶼や夷子島の遺跡は平安時代に降ると思われるが，土器は粗製の土師器を主としており，皇大神宮や賀茂神社をはじめとする古社の祭器も，ずっと後世まで土師器の系統の「カワラケ」が用いられている。形状も，弥生時代以来の小形丸底壺などが後世まで祭器として受けつがれ，底面に木の葉を印する伝統も後々まで遺風として行なわれる。

　第2に清浄性がたっとばれ，神武紀に天香山の埴を以って作ったとあるように，特定の場所から採った原料が用いられたと同時に，用法も1回限りの使用を原則としたようである。しばしば1カ所から多数が一括出土するのは，祭りの度毎に直ちに一定の場所に埋納されたためである。延喜式大学寮中に「凡祭器弊則埋，祭服弊則焼」と見え

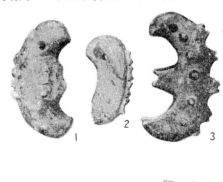

子持勾玉
1〜3：伊勢崎市八寸城山小斎　4：群馬県武井
5：伊勢市豊受大神宮宮域　6：奈良県三輪

47

るのはその伝統である。往々にして朱塗りのものが多いのも，祭器としての神聖性を強調したためである。

第3には形状の簡素化・小形化・形式化されるのをその特質とする。例の小形手捏土器はもとより，とくに土製品及び滑石製模造の祭祀用仮器において著しい。福岡県沖の島発見の鋳鉄製の粗製斧やきわめて小形の模造斧，または双をつけない型ばかりの刀子などは明らかに祭祀のみを目的として製作され，使用されたものであった[3]。

4 神道考古学の目的

さて，大場先生が，以上の如き祭祀遺跡・祭祀遺物を神道考古学の中核とし，その前に前神道期，後に文化神道期を設定したことは初めに述べた。文化神道期には仏教思想と結合した，別種の遺跡・遺物が現われる。遺跡においては山岳を対象とする大峯山や二荒山の如き修法遺跡，神社境内における経塚の営造，神宮寺址，あるいは中世における特殊な祭祀場としての十三塚や，伊豆諸島に見られる積石塚，または池中納鏡遺跡などがあり，発見遺物にも各種の仏具や鏡鑑，及び御正躰ないし各種の祭具・神宝類など前代とは著しく異なったものが注目されてくる。そして，先史時代から歴史時代に及ぶこれらの祭祀遺跡・祭祀遺物を一貫して流れる日本民族の神祭りの方式，その中に潜む古人の信仰精神生活といった無形文化を探ろうとするのが，神道考古学である，とする。したがって，初めに触れた如く，教祖・教義・教典を持つ仏教または基督教の考古学とは異なり，日本民族信仰の考古学的研究というべきものであり，かつ民俗学・文献史学・神祇学などの関連諸学が，単なる補助学科という以上に深いかかわりを持ってくる。大場磐雄先生の考古学がウェットな考古学だと称された所以でもある。このことについては，紙数の関係で別稿に譲らねばならぬが[4]，大場先生が，神道前期・原始神道期・文化神道期と3期に分けた時代区分の大綱なども，次のように考えてゆくべきであろう。

(大場説)

1 前(プレ)神道期	縄文文化期以前	神道前期
2 神道発生期	弥生文化期…?	
3 神道生育期	古墳文化前期	原始神道期
4 神道成立期	古墳文化後期	
5 神道整備期	仏教渡来以後	文化神道期

大場先生が古墳時代を一括して原始神道期とし，神道考古学研究の中心となる時期と考えたのは当然であるが，これを細分したのには理由がある。そもそも古墳は，単なる被葬者の記念構築物ではなくて，葬送行事——霊祭りの遺跡である。古墳の構築法や副葬品のあり方や，その質量や種類が変化することは，葬送方法の変化のあらわれであり，それは霊魂観・他界観念の変化にもとづいたものだったはずである。霊魂観・他界観と霊祭りの方法が，当時の神観念や神祭りの方式と，全く無関係に変容や発展を示すものでないことは自明のことである。したがって，霊魂観・他界観や葬送儀礼に中心をおいて古墳文化を研究してゆくと，その裏に潜んでいる，いわゆる古代神道（日本古代宗教）の次第に成立してゆく過程が見えてくるはずである。つまり，神道考古学としては，古墳そのものをも一種の祭祀遺跡として扱ってゆく方法が将来に残されているとすべきであろう。また，弥生文化期を，神道発生期としたことについては，これもすでに説いたことがあるので[5]省略するが，神道考古学の将来については，大場先生よりも，さらにウェットな，若い考古学徒の出現を切望して止まない。

註

1) 『神道考古学講座』全6巻，雄山閣，1975〜1981
　第1巻 前神道期
　　神道考古学の体系・定義・研究史・縄文時代・弥生時代の信仰遺跡・遺物
　第2巻 原始神道期Ⅰ
　　祭祀遺跡各説（東北〜九州）
　第3巻 原始神道期Ⅱ
　　祭祀遺物各説
　第4巻 歴史神道期
　　修法遺跡・御正体と曼荼羅・神像と狛犬・神宝
　第5巻 祭祀遺跡特説
　　沖の島・石上神宮・二荒山・十三塚・三輪山・鏡ヶ池・神坂峠・弥勒寺跡・祭祀遺物製作遺跡
　第6巻 関係特論
　　古社・神話・民俗学・文献資料・古代祭祀遺跡の歴史地理学的研究・原始宗教・修験道・古墳祭祀

2) 亀井正道『建鉾山』吉川弘文館，1966

3) 大場磐雄「上代祭祀遺物の特質」国学院雑誌，58—4，1957

4) 佐野大和「神道の深層にあるもの」国学院雑誌，81—11，1980

5) 佐野大和「神道発生の基盤としての弥生式文化」国学院大学紀要，5，1964

仏　　教

立正大学教授
■ 坂 詰 秀 一
（さかづめ・ひでいち）

仏教考古学の目的は対象資料そのものの検討を通して，モ
ノに反映されている仏教信仰の実態を把握することにある

1　仏教考古学の成立

　仏教の歴史的展開を物質的資料によって明らか
にすることを目的とする仏教考古学の分野は，ア
ジア地域における宗教考古学研究の中心を占めて
いる。それは，西欧における聖書考古学の研究と
並んで宗教考古学の双璧とも称されていることに
よっても明らかであろう。

　仏教の考古学的調査研究は，開祖・釈尊に関す
る遺跡と遺物を対象としてインドを中心とする南
アジア地域において開始された。それは 1862 年
に発足した A. Cunningham を総裁とするイン
ド考古学調査局によるものであった。当初その活
動範囲は，インドの東部と北部であったが，後，
1873 年に西インド考古学調査局，1883 年に南イ
ンド考古学調査局が開設され，インド全域にわた
る考古学的調査の組織化がなされた結果，仏教に
関する遺跡の調査もそれに伴って広く実施される
にいたったのである。しかしながら，その調査
活動は，仏教考古学としての視角を結果的にもた
らしたものではあったが，調査それ自体はことさ
らに仏教考古学を意識したものではなかった。

　このようなインドにおける仏教の考古学的調査
研究は，19 世紀の中頃にイギリス人によって着
手されたのであるが，その研究の視点は，例えば
玄奘の『大唐西域記』の記述に見える都市，仏教
伽藍の位置比定であり（A. Cunningham : The An-
cient Geography of India, 1924），そこには仏教考
古学としての体系化の意識を見ることはできなか
った。

　聖書考古学（Biblical Archaeology）が，キリス
ト教の正典である旧・新約聖書に見られる記述を
空間的に土地と結びつけて研究する方向より出発
したものであるのに対して，仏教のそれは，まず
物質的資料の認識より着手された。それは，たし
かに仏教に関する物質的資料の調査研究が考古学
の視点より実施されたものではあったが，仏教考
古学として必ずしも意識化されたものではなかっ

たのである。

　仏教の伝播地域における調査も，インドにおけ
るそれとほぼ同様であり，日本の場合も例外では
なかった。1922 年に浜田耕作博士によって仏教
考古学の成立の必要性が提起されるまで（『通論考
古学』），個別的研究は深められていたものの，そ
れらを組織化する傾向は認められなかったのであ
る。

　仏教考古学としての組織化がはじめて目論まれ
たのは 1936～37 年に刊行された『佛教考古学講
座』（全 15 巻）であった。それは仏教考古学（Bud-
dhistic Archaeology）としてキリスト教考古学
（Christian Archaeology）と同様に宗教考古学の一
分野の確立を宣言するものであった。

2　仏教考古学の構成

　『佛教考古学講座』の刊行は，仏教展開の中枢
国である日本において試みられたことは注目され
るところであるが，その内容は，経典・仏像・仏
画・仏具・法具・建築・法要・行事・墳墓などに
わたっており，それの体系化には未だ機熟せずの
感を拭うことができないものであった。この講座
編輯の中心的役割を果たした柴田常恵氏が自ずか
ら『佛教考古学概論』を執筆し「仏教考古学の組
織を促す」ことを提唱されたことは，よくこの講
座の内容構成を物語っているといえるであろう。

　仏教考古学が，その本来の組織を目指して体系
化されたのは 1975～77 年に刊行された『新版仏
教考古学講座』（全 7 巻）であった。その監修にあ
たったのは石田茂作博士であり，全体的な構成な
ど積年にわたる構想の具現化でもあった。それ
は，寺院，塔・塔婆，仏像，仏具，経典・経塚，
墳墓の 6 項目より編成されたものであり，総説と
して概念，研究史，遺跡と遺物，地域仏教史，修
験道・神道との関係特論が収められた導入巻が付
加されたものであった。

　ここにおいて，仏教考古学としての体系化が果
たされるにいたったのであるが，ただ，かかる構

49

成は，日本における仏教考古学の確立を目標としたものであり，汎アジア的な視点に立脚して考えるとき，その内容はさらに検討され深めることが要求されてくるのは当然のことであるといえよう。

仏教の伝播した地域における過去の物質的資料の存在に想いを廻すとき，それぞれの地域には，共通した遺構・遺物が認められる，と同時に地域性にもとづく特殊な遺跡・遺物が存在していることに気づくのである。

例えば，仏教信仰にとって欠くことのできないものの一に経典がある。経典は，釈尊自身の骨が身舎利であるのに対して，法舎利と呼ばれている。それは，経典そのものが釈尊であることを示している。したがって，釈尊の身舎利と法舎利である経典は同格と見ることができるわけであり，その経典は，本来は釈尊の墳墓——舎利塔である塔婆に身舎利に代って納置され，釈尊賛仰の対象と化する場合も決して少なくない。かつて，A. Cunningham が Sārnāth の Dhamek 塔を縦横に発掘したことがあるが，それによって得られたのは縁起法頌が刻された1枚の石板のみであった。この例など，身舎利が失われたのではないか，との疑念も存するが，一石板納置であっても，それは法舎利としての性質をもつものであり，舎利納置塔の一つの型として把握される。このように塔に舎利を納置することは，インドに限らず仏教の伝播地域に共通して見られることであり，地域性に起因する塔形の変容にもかかわらず造塔の目的とその方法に共通点を見出すことができるのである。その舎利が身舎利あるいは法舎利という2つの様態を備えていることに時間と空間を超越した共通の意識を窺うことができる。

一方，経典を書写して埋めた行為の痕跡が見出されている。日本で経塚と呼ばれている遺跡であるが，経塚の起源そのものは日本の創生として考えられている。しかし，中国先駆説あるいは中国源流説もあり，有力な見解として位置づけられている。私もその視角には基本的には賛意を表するが，その源流問題より朝鮮半島を逸することができないのではないかと私かに考えている。それは半島で高句麗時代かと考えられる法華経収納の石製経箱が検出されており，さらに統一新羅時代〜高麗時代前半頃かと考えられる経筒様遺物の存在が知られているからである。

瓦経　岡山県倉敷市安養寺出土，縦約23cm

滑石経　福岡県筑後市若菜出土，縦約17cm

経塚より見出される経典の形態は，紙本経が中心であり，それに瓦経があり，さらに特殊な例であるが滑石経の存在も知られている。このような経典のあり方は，書写して埋める行為の目的そのものを示しており興味深い。瓦経・滑石経の場合は，明らかに未来永劫への経典の保全願望の手段として把握される。その契機は末法の到来による経典の保全にあり，中国に見られる廃仏危機意識による石経とは基本的に異なるものであった。そこには地域による経典保全の背景を示していると同時に，それぞれの地における仏教展開の状態をも示す事象として把握されなければならないのである。

経典が遺存している状態の一例を取り挙げて見てもこのような地域による変容が認められることは，仏教考古学の体系化のなかで地域性が充分に考慮されなければならない必要性を物語っている。すなわち，仏教考古学において対象とされる物質的資料は，時間的そして空間的に一様ではなく，それぞれに特性をもっているということができる。

3 対象とされる資料

仏教考古学の研究において対象とされる資料は，仏教信仰の痕跡が直接的に反映されている物質的資料であるが，また，間接的あるいは類推的に仏教信仰に繫ると考えられる同資料の存在も考慮することが必要である。

現在，その対象資料について具体的に示されているものは，石田茂作博士によるもの[1]と『新版仏教考古学講座』の構成に見られるものとがある。いずれも仏教考古学の体系を果たされた石田博士の構想であり，基本的には同一のものとしてもよいであろう。ただ，講座は各巻ごとに編集担当者

薬師寺の仏足石

の意向が加味されており，個々の内容構成については異なるところもある。講座に見られる"墳墓"及び仏像に見られる仏教図像学の提唱と造形的表現の付加などがそれである。そして，大綱として看取されることは，日本の場合を主体として構想がなされている，ということである。

かかる石田博士による対象資料の摘出とその体系化は，仏教考古学の基礎を確立したものであり，それに立脚して敷衍していく方向こそ望まれることはいうまでもない。

寺院立地の自然的・人文的条件の類型化，記念塔の型，聖樹・仏足跡・曼荼羅・仏伝などの造型資料の検討，摩崖石経の歴史的位置づけなどの問題は，南アジアより東アジアを含む地域に見られる若干の対象であり，また，日本においては，とくに中・近世における塔婆・墓標の類型認識とその展開状態の把握など，研究の課題が山積している状況にあるといえる。

われわれは，これらの対象資料そのものの検討を通してモノに反映されている仏教信仰の実態を追究していくことこそ仏教考古学研究の常道であると確信している。そのモノは埋没しているモノであれ，また伝世しているモノであれ，ともに研究の対象となることは改めて指摘するまでもないであろう[2]。

仏像	金仏・木仏・石仏・塑像・乾漆仏・瓦仏・塼仏・押出仏・仏画・織成仏・繡仏・印仏・摺仏……，如来像・菩薩像・天部像・明王像・祖師像・垂迹像・曼荼羅・光明本尊・涅槃図……，名号・題目
経典	写経・版経・繡経・瓦経・滑石経・銅版経・柿経・一字一石経・細字経文塔婆・細字経文仏画・経絵・経塚
仏具	梵音具・荘厳具・供養具・密教具・僧具
仏塔	重塔（三・五・七・十三）・宝珠塔・多宝塔・宝塔・宝篋印塔・五輪塔・無縫塔・碑伝・板碑・雲首塔……，木造塔・銅塔・鉄塔・石塔・泥塔・瓦塔・粺塔・印塔……
寺院	伽藍配置・堂舎・建築部分・その他（寺印・扁額・納札・絵馬・拝石・結界石・標石・町石……）

対象資料綱目別分類（石田茂作博士による）

寺院	寺院跡・瓦塼・鎮壇具・その他（建築用材・風鐸・飾り金具・荘厳具・塼仏・塑像）
塔・塔婆	木造塔・石塔・舎利とその容器・瓦塔・小塔・板碑・庶民信仰・位牌
仏像	仏像（起源と発達・表現形式―彫刻・絵画―）・仏教図像学（顕教系・密教系・手印・仏像の持物）・高僧像・禅宗系美術・垂迹系美術・仏伝文学と仏教世界観の造形的表現・胎内納入品・仏足石・種子
仏具	仏具（種類と変遷―荘厳具・供養具・梵音具・僧具・密教法具）・修験道用具・鎌倉新仏教各宗仏具
経典・経塚	経典（概論・写経・版経）・経塚（概論・遺物・遺跡と遺構）・信仰と経典・経塚分布・如法経と経塚・経塚遺物年表
墳墓	火葬墓（類型と展開・各地の例）・墓地と火葬墓・墓碑墓誌・骨蔵器・墳墓堂）

『新版仏教考古学講座』構成一覧

註
1) 石田博士の仏教考古学についての見解は「仏教考古学の概念」（新版仏教考古学講座 1，1976）に見え，その具体的論攷は『佛教考古学論攷』（全6巻，1977～78）に収録されている。
2) 仏教考古学をめぐる問題については坂詰秀一『仏教考古学調査法』（1978）および「仏教考古学の新視点」（歴史手帖，42，1977，歴史考古学研究Ⅱ所収，1982）に触れたことがある。

51

道教的世界

―漢礼からみた道教的思惟―

奈良大学助教授
■ 水野正好
（みずの・まさよし）

> 中国・韓国からもたらされた祭式，呪儀――「漢礼」は道教
> 的世界を語るものである。今後，重要な視座を拓くであろう

日本と中国・韓国の長い交流の歴史の中で，彼地の民衆が信じ仰いできた種々の儀礼，祭式，呪儀がわが国にもたらされる，そうしたシーンは実にしばしば見られたに違いない。最近の目ざましい考古学の進展は，こうした祭式・呪儀の内容・実態・変遷を，つぶさに，そして鮮やかに語りうる日の間近いことを予感させている。こうした雰囲気の中で，まずは，その先き語りとでもいうべき二，三の私論を，その受容の形態を配慮しつつ述べることとしよう。

中国・韓国で成立していた種々の儀礼，祭式，呪儀の中でも，漢礼と呼ばれている道教的祭式・呪儀の受容形態は極めて複雑である。

受容形態 I　漢人系氏族と韓竈

その第一は，彼地の民衆がわが国に移り各地に編貫されたのちもなお故地の信仰――道教的思惟を内にのみつよく保持し顕著にその彩りをとどめる場合がそれである。

例えば，滋賀県大津市の北郊に編貫された「漢人系氏族」の間に見られる韓竈ミニチュアの古墳への配置といった現象が該当するであろう。元来，和邇系氏族が居住していた滋賀郡内を二分し，北に和邇系氏族を移居し，南に漢人系氏族を編貫しているのであるが，これら漢人系氏族は三津首，志太漢人，穴太村主，大友村主，錦部村主などほとんどが後漢の献帝などの苗裔と称しているのである。彼らがたとえ百済系氏族であるとしても名は漢人を称しているのである。こうした漢人系氏族の間に韓竈ミニチュアが数多く見られる。多くの場合，この品は一棺に副えられるというより一石室全体に供進されるといった姿をとり，冥界の竈，死者炊飯の竈であることを示しているのである。この世の家に竈がある如く彼岸の家に竈形が息づき，この世の竈神が家神であるように彼岸の竈形神は彼岸の家神であったといえよう。彼岸の世界から現世を見護る家祖神のシンボルともなるのがこの竈形であったといえるであろう。

滋賀郡に編貫された漢人系氏族の間の横穴式石室墳に見られるこうした竈形は，いまだ和邇系氏族の集住する郡の北域に数多く見られる横穴式石室墳の中からは発見を聞かないのである。恐らく漢人系氏族の内なる世界でのみ行なわれた慣行・思惟と考えてよいであろう。とりまく周囲の在来氏族には全く受け容れられずひとり漢人系氏族の間のみに息づく思惟・慣行ではあるが，一方，同族であったと思われる各地の漢人系氏族の間には竈形――ミニチュアの発見はしばしば聞かれるのである。兵庫県蘆屋市の精道園古墳群，奈良県南葛城郡新庄町の笛吹古墳群，大阪府柏原市の田辺古墳群などは竈形の発見で著名であるが，こうした古墳群の背景には蘆屋漢人，笛吹漢人，田辺史など漢人系氏族の名がたどれるのである。

5世紀後半から6世紀初葉，わが国に移り住んだ漢人系氏族の間では，各地に分住編貫される中でもなお脈々と活力を保ちつづける故地以来の信仰がたどれるのである。それが周囲の在地氏族に受容される動向をもたぬとしても，わが国の重要な「道教的思惟」の受容の一割をなすものであったということはできるであろう。周囲の在地氏族に竈形をめぐる思惟・慣行が受容されず，漢人系氏族の内部ではこの思惟・慣行が非常に強く漂う――こうした現象の背景には，竈形が「家」なり「氏」といった分野に強く係り合い，絡み合う面をもつからであろうが，注目すべき受容の一つの形態ということができるであろう。

受容形態 II　土馬と福徳の呪儀

第二の受容形態としては，彼地の民衆がわが国に移り各地に編貫されたのち，彼地の信仰――道教的思惟を広く在地の氏族にまで拡汎していく場合がそれである。例えば『日本書紀』には「皇極天皇元年六月，是月大旱，七月戊寅，群臣相謂之曰，隨二村々祝部所_教，或殺二牛馬一祭二諸社神一，或頻移レ市……」といった記事が見える。牛馬を殺して諸社神を祭るといった祈雨の法が村々の祝

52

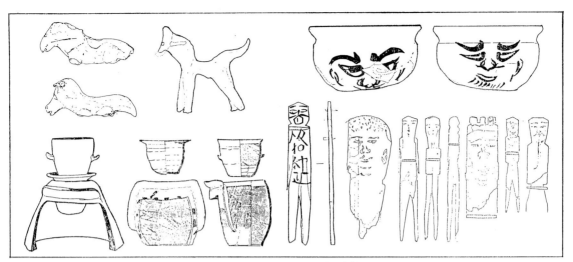

道教的思惟にかかわる考古学資料
左：土馬と竈形（うち左は共に6〜7世紀、右は8〜9世紀）、右：人面墨書土器と人形代（共に8〜9世紀）

部の教えとして村人たちに実修されている様をよく伝えている。一見，この祈雨法はわが国古来の術かと見まがうが実は漢礼と呼ばれるべきものである。『続日本紀』には延暦10年9月，伊勢・尾張・近江・美濃・若狭・越前・紀伊国百姓が牛を殺し漢神を祭るといった記事もあり，漢神・鬼神の祭祀に牛馬を殺すといった呪儀が伴うのである。

考古学上の所見としては，この時期，数多くの土馬が見られる。奈良朝の土馬とは姿形も全く異なる。太く大きく，手づくねの力づよい土馬がそれである。これらの土馬は，広く全国的に分布し，多くの場合一軀の発見にとどまり，一時に一所で多量といった発見状況を示すことがないと言った点でも特徴的である。この種の土馬は神話上では素盞鳴命に始まる。行疫神でもある素盞鳴命が生馬の膚皮を剝ぎ神女の機織る忌殿に投げ込む。穢気は充満し，神女の死，天照大神の岩戸隠れ，常夜暗闇，疫神悪神の跳梁といった凶事が続出するのである。馬は素盞鳴命のシンボルであり，行疫神のシンボル，乗騎の象徴でもある。土馬は種々の穢気の根原として存在するこうした馬の形象化である。大旱，稲枯，流行する疫疾，そうしたすべての祓えが土馬に求められるのである。言うまでもなく素盞鳴命は新羅に強く係る神である。彼地の神，信仰がわが国で息づく時，こうした馬の世界，馬をめぐる故地での想いが土馬という形をとって登場するである。鞍を作り飾馬として美しく彩られた土馬の，その両脚なり頭，身が必ず欠損されているのは，行疫神をもてなし敬礼し，その果てに行疫を止める願意を実修する。そ

うした呪儀がそこで行なわれていたことを教えているのである。

こうした呪儀は，彼地の思惟を携えて来た漢・韓の人々の間で最初は実修されるに過ぎなかったのであろうが，旱天，長雨，疫病，枯損といった全民を包みこむ危機，緊張の中にあっては漢韓の人々を超え，多くの在地の人々の間に拡汎し，浸透し，その敬信を得ていくといった過程が見られたのである。ただ，こうした旱天なり長雨などの緊張は広範囲を包みこむだけにその対応も一種の政策というに近く，村々諸社の祝部に領導されるとはいうもののそこには「彼地の祭式・思惟」を容認するといった政策としての一面がたどれるのである。ただ，政策として「祭式・思惟」が一たび枠外にはみ出る場合にはこれが禁じられることは言うまでもないところであろう。

村々の祝部・巫覡が福徳神・長寿神などと神名を呼び誓願し，悔過を求め福を授け人の情を狂わすとされる「福徳」を求める祭儀も，漢礼と呼ばれている。『日本書紀』皇極天皇3年条には，福徳を求めて群をなす人々が官道を進み大和へ，都へと流れる様が詳細に描かれているが，こうした漢礼も突如と官道に巨大な民衆が群集し動き行くだけにやがては禁断されるのである。道教的思惟が「福徳」といった呪儀の形をとり顕現するのであるが，その場合，漢韓の人々の信仰であったものが，「福徳」といった全民的な渇仰の中で広い地域に突如と核を生じて膨張する。しかし朝廷を捲きこむ福徳でなく，また暴動，狂信にも近い群集を見る時，枠組をこえた「祭式・呪儀」として

禁断といった政策がとられるのである。枠組から見てかように「二つの相」がたどれるのである。

受容形態III　漢・文氏と大祓と

　第三の受容形態としては、彼地からわが国に移り各地に編貫される中で、その首長と目される氏に伝えられた「道教的思惟」が、直接、朝廷、それも天皇に受容されていく場合があげられよう。漢人系氏族の統括をはかる東漢氏、西文氏が大祓で見せる呪儀がそれである。『延喜式』は大祓に当り東西文忌寸部が金装横刀を祓刀として献じ、「謹請、皇天上帝、三極大君、日月星辰、八方諸神、司命司籍、左東王父、右西王母、五方五帝、四時四気、捧以銀人、請除禍災、捧以金刀、請延帝祚」と呪し、「東至扶桑、西至虞淵、南至炎光、北至溺水、千城百国精治、万歳万歳万歳」と呪すると記している。こうした諸帝諸神を謹請し、金刀銀人でもって帝祚・禍災の二面を祈る形は、元来日本に見られた形態ではなく、中国・韓国の故地における為政者をめぐる呪儀として存在したもの、それをわが国に斉し、天皇の周辺に据えたものと考えてよいのである。天皇がこの呪儀を大祓に組みこむ理由も天皇の寿に係る、一つの政策に巧みに係るところにあると見てよいであろう。

受容形態IV　護身剣・破敵剣に

　第四の受容形態としては、彼地とわが国の政治的交流の中で、彼地より政治的にわが国に伝えられる「道教的思惟」、言葉を換えれば彼地の王からわが国の王に伝えられる思惟があげられる。例えば天皇即位の際に授受される大刀契中に護身・破敵の二剣がある。「歳在庚申正月、百済所造、三七練刀、南斗北斗、左青竜右白虎、前朱雀後玄武、避深不祥、百福令就、年齢延長、万歳無極」といった道教的思惟が護身剣に銘され、多くの呪形が破敵剣と共に刻まれているという。東野治之氏は本剣を4,5世紀の百済造剣と説かれるが、わが国の天皇の許に献ぜられたものと見てよいであろう。百済王から天皇への奉献を語るものであろうが、その整正な道家の語りを見ると道教的世界、体系の受容が寿祚の一劃では整然たる形で政治的に受容されていく様が鮮やかに読みとれるのである。

受容形態V　人形と竈形の世界

　第五の受容形態としては、彼我の交流の中で積極的にわが国が摂取、受容をはかる場合があげられるであろう。受動的な受容ではなく能動的な摂取、体系化という場合である。朝廷をめぐる大祓の体系がそれを示すものであろう。大祓に、東漢・西文氏が金刀・銀人を献じて呪作呪言することは先に述べたが、この他に、考古学から見るかぎり、尨大な量の人形代、竈形、馬形、人面墨書土器といった品々が大祓にとりこまれ体系化されているのである。人形代は平城宮壬生門前の大溝中から実に207点も木製人形を発見しているように、百官に命じて実修させる大祓の中核をなす品である。人形代でもって身を一撫し、口に一吻して穢気を移し、もって水の流れに祓い流そうとする思惟である。こうした人形代に伴い、時には馬・牛・鳥・鶏形、あるいは車輿・舟形、刀・剣・鏃形が共に用いられ形代世界を構成しているのである。また、竈形は奈良朝に新しく登場してくる韓竈のミニチュアであるが、この時には新しい装いをとる。中国の『抱朴子』にもあるように、竈神が人の罪過を年に一度なり二度、天帝に報じその軽重によって人の寿命を縮めるといった面を把えて中国では祓の重要な一劃を形成していた。こうした祓の竈を摂取して竈形の世界がわが国の大祓の体系に組みこまれてくるのである。『抱朴子』に竈神と並んで記される庚申信仰が早く奈良時代、わが国でも盛行していることは過去すでに説かれ来っているところである。人面墨書土器も疫神―餓鬼を描き、口に紙はり、指にて穴を開け、気息を封じて流しやるものである。祓い流しの一劃に位置づけられて居り、大祓として組織化されてその姿が今日にとどめられるに至っているのである。

　道教的思惟、道教的祭式、ともに道教そのものというよりも、その片々、その一劃一隅が時により所により、人により国交により伝えられたものであり、体系的な道教の受容はいまだ明確な語りをもたないのである。わが国ではこうした受容した祭式、呪儀を「漢礼」とよびならわしている。言い得て妙、邦礼と対比していく中で、将来、漢礼の世界は考古学の世界で大きな語りを獲得するであろうし、また、そのかみの人々の情念なり心意の揺れ動きを如実に語るものとして一つの研究の指針となるものと私は想うのである。新しい地平の彼方を見はるかすものとして「漢礼」は、われわれの前に存在するのである。

修験道

立正大学考古学研究室
■ 時 枝　務
（ときえだ・つとむ）

近年修験道の研究が盛んになってきているが，今後は修験道の遺跡・遺物を資料として活用する必要がでてきている

　近年における修験道再評価の高まりのなかで，その歴史的研究も盛んに行なわれるようになったが，決定的な史料の不足から，いまだに解明されていないことがあまりにも多い。そこで，そうした史料の不足からくる研究の行き詰まりを打開するために，数多く残されている修験道の遺跡・遺物を資料として活用することによって，従来不明なまま残されていた修験道史の諸問題にアプローチする方法の有効性が指摘されている。

　修験道の遺跡・遺物の個別的研究は，三輪善之助氏の修験道板碑，大場磐雄氏の山頂遺跡・鏡ケ池・塚，石田茂作氏の笈・碑伝など，早くから行なわれてきた[1]が，それらの成果にもとづいて，修験道考古学の体系化の方向が探られるようになったのは，ごく最近のことであり，とくに，宮家準氏の一連の労作[2]は，修験道の考古学の今後の方向性を示したものとして注目される。

　修験道は，山岳信仰の一形態としての側面と，山岳修行によって験力を得た修験者に対する帰依信仰としての側面から構成されており，日本の民俗宗教・民族宗教のなかで重要な位置をしめてきた宗教である。修験道は，10世紀から12世紀に至る間に，権門寺社を隔たったところで，山岳信仰や滅罪信仰と仏教や道教などの外来宗教が融合して誕生したもので，それは中世的世界の宗教として発展する。14世紀以降，本山派・当山派などの教団形成が進み，宗教的権門の枠内に組み込まれ，修験者が政治的・軍事的活動にも従事するに至った。16世紀には，修験者の地域社会への定着が進み，末派修験の組織化が図られたが著しい衰退をみせた。幕藩体制下では民衆生活に密着した展開を遂げるが，明治初年の神仏分離，それに続く修験道廃止令によって大きな打撃を蒙った。しかし，その後復活して，現在に至っている。

　修験道の遺跡・遺物には，どのようなものがあるであろうか。次に，具体的にみていくことにしたい。

（1）修験道の遺跡

　修行窟は，一般に，岩陰を利用し，内部に崇拝対象（金銅仏・懸仏・陽刻像など）・供養施設（炉・祭壇など）を設け，供養のための遺物（花瓶・六器など）が検出されるなどの特徴を有しており，大

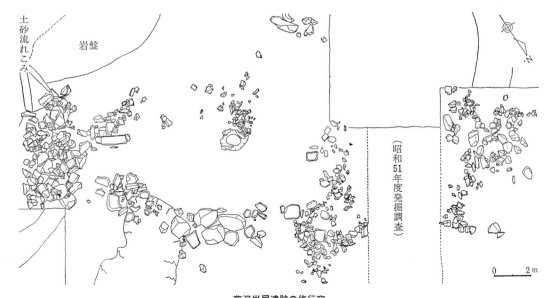

藤沢岩屋遺跡の修行窟
（戸川宏章ほか『山形県鶴岡市藤沢岩屋遺跡』致道博物館，1981 より）

峰山・彦山・求菩提山・富士山・戸隠山・草津白根山など各地で知られている。たとえば，山形県鶴岡市の藤沢岩屋は，岩陰の雨落ち線に沿って，長さ16m，幅約1.5m，高さ約1mの積石を築いたもので，岩陰内部から碑伝・懸仏・貨銭などが検出され，奥壁から人名・月日などの陰刻が発見されており，中世に使用された修行窟を近世初頭に改造したものと考えられている。修行窟は，晦日山伏の冬期参籠の場として営まれたものと推定される。

修験道寺院は，基本的には行場と宿坊をもつ山岳寺院であり，大峰山・羽黒山・立山・白山・石動山・戸隠山・三徳山・彦山・求菩提山などに典型的にみられるが，末派修験に至っては他宗の寺院となんら変わるところのないものが多い。

修法遺跡は，加持祈禱を修した痕跡で，修法壇跡・山頂遺跡・閼伽井跡などがある。修法壇跡には大壇（那智山）・護摩壇（金華山など）・五壇（藤沢岩屋）などがあり，山岳の例は山頂遺跡と，里の例は塚と深い関係にある。山頂遺跡は山頂に鏡・錫杖・貨銭・土器などを投供・埋納したもので，男体山・剣岳・大山など各地で知られている。閼伽井は仏に水を供える閼伽作法に不可欠であるが，石川県羽咋市福水遺跡では，その周囲から銅鋺・銅鉢・三鈷鐃・錫杖が発見されている。

鏡ケ池は，池中納鏡儀礼の遺跡で，羽黒山鏡ケ池・赤城山小沼などがある。**御正体埋納遺跡**は御正体（懸仏）を岩陰などの聖地に埋納したもので，金峰山・神倉山・熊野阿須賀神社などの例がある。

塚は，人工的な丘状の盛り土で，山伏塚・行人塚・十三塚・七人塚・三山塚・富士塚など，修験者や聖が関与した祭壇と考えられるものが知られている。経塚も塚のひとつであるが，金峰山・那智山・羽黒山・立山・彦山・求菩提山など，修験諸山に営まれた例がある。修験者の**墳墓**も塚をなすものがあり，入定塚のほか，島根県松江市檜山で，錫杖・銅鉢・袈裟金具・法螺などの副葬品をともなう，盛り土のある土壙墓群が知られている。

（2） 修験道の遺物

仏像では，修験道独自の崇拝対象である蔵王権現像（鏡像・懸仏・木彫仏など）をはじめ，役小角像や修験諸山の開祖像のほか，曼荼羅，そして小金銅仏・摩崖仏・立木仏・鉈彫仏などが知られている。

葛川明王院の木製碑伝
（元興寺仏教民俗研究所『明王院の碑伝』同研究所, 1976 より）

修験道ではとくに所依の**経典**を定めていないが，儀礼の中では修験懺法・錫杖経・不動経・般若心経などが使用され，古い経典を所蔵している修験諸山も多い。また，古い符呪も修験道の救済儀礼の実態を示すものとして注目される。

碑伝は入峰記念に造立されたもので，頭部に冠を作り，身部を削り，入峰の日時・度数・入峰者名などを記して，山中の宿に立てたものであり，木製のもの（葛川明王院・吉野桜本坊・八菅山など）と石製のもの（藤沢岩屋・宝満山など）が知られている。**修験道板碑**は供養塔として造立されたもので，倶利迦羅不動板碑（埼玉県北葛飾郡庄和町）・補陀落渡海板碑（熊本県玉名市）など，特色あるものが知られている。

修験道の**仏具・法具**は独自なものが多く，頭巾・班蓋・鈴懸・結袈裟・法螺・最多角数珠・錫杖・笈・肩箱・金剛杖・引敷・脚半・檜扇・柴打・走縄・八目草鞋・肘比・小打木・閼伽桶・檐木・柱源・乳木などがあり，修験諸山に古いものが残されている。

以上，修験道の遺跡・遺物について触れてきたが，二・三を除いては，まだ研究がなされているとはいえない。実際，修験道遺跡の多くは，未調査のままであり，また遺物の型式学的・編年的研究も不十分である。そうした資料研究をふまえたうえで，物質資料を活用し，ふくらみのある修験道史を描くことが期待される。

註
1) 三輪善之助「倶利迦羅不動の板碑」史蹟名勝天然紀念物, 4—7, 1929, 大場磐雄『神道考古学論攷』葦牙書房, 1943, 石田茂作「碑伝について―板碑との関係」銅鐸, 12, 1956 など
2) 宮家準「修験道―峰入の衣体と行場を中心として」神道考古学講座, 6, 1973, 同「修験道と仏教」新版仏教考古学講座, 1, 1976

キリスト教

別府大学教授

■ 賀川光夫
（かがわ・みつお）

キリスト教考古学は系統だった研究は未着手の状態にある。
そこで，大分のキリシタン遺跡を中心に具体例を紹介しよう

西欧の聖書考古学は，旧・新約聖書の記載を土地と有機的に関連づけることを主方向としている。その聖書考古学に対してキリスト教（キリシタン）考古学は，聖書そのものの研究にもとづく実地調査の空間的制約を超越して，キリスト教の伝播地域を研究の対象とする性格をもつものと規定することができる。

日本のキリスト教考古学は，その研究への志向は古く先鞭がつけられたが，現在にいたるまで系統だった研究が果たされていない。しかし各地より関係遺物の発見が伝えられ，また，遺跡の調査もわずかではあるが試みられつつある。その結果は，総括された意義づけの方向が不充分であるにしても，資料としての価値は，日本キリスト教発展史のなかに正しく位置づけされる必要がある。

そして，今後におけるわが国キリスト教史の研究においては，考古学的視点の欠落を補うことが必要であろう。そこで，次に具体的資料の紹介と検討を果しながら，その重要性の一端を垣間見ることにしたいと思う。

（岩村　清）

キリシタンの伝道とその興廃については，著名な論文が多い。とくに西日本はキリシタン伝道の最初の地であって，天文18年（1549）ザビエルはインド総督の使者として鹿児島に上陸した。平戸，山口，大分は西日本布教の中心地であった。この間の記録や書簡がローマに伝えられ，精細な記録として存在していることは周知の通りである。しかし実際にその伝道を物語る資料となると考証にたえる遺跡・遺物は必ずしも明らかでない。遺跡として墓石，遺物として絵画そして限られた聖牌・メダイ・ハリツケのキリスト像などがある。こうしたものから信仰史を著述するにはあまりにも数が少ないことに気づく。その中で大分市丹生から発見された一括資料は，こうした実証的遺物の中で西日本の伝道史を語る有力な資料となる。

1　外耳素文壺の出土

大分市の南に広がる丹生台地（大野川と丹生川の中間）小原地区の畑で，高さ 27cm，口径 11cm，頭部が短くしまり，口の部分が外反する厚手筒状の壺形土器がみつかった。色はこげ茶色をして備前焼に似ているが，地元の窯で焼いたものらしく，頸部下縁に4個の耳が付いている。窯じるしと思われるヘラ描き「サ字」型がみえるほか，一部に自然釉が付着していた。

この壺がみつかったのは昭和40年（1965）で，筆者はその2年後入院加療中に壺をみせられた。その際，壺の中に黒く炭化したような状態で遺物がみつかり，その一つ一つを充分に見学し，それを調べることができた。この一括遺物は壺を含めて発見者の意志で長崎二十六聖人記念館に寄贈され，資料として保存されている。

2　出土遺物について

ハリツケのキリスト（Cruci fijo）　ハリツケのキリスト像は全部で4体分みつかっている。木彫が3，銅製が1である。そのうち木彫像1は典型的なゴチック芸術の色調高い作品で，イバラの冠をいただき静かな表情を深い刀法であらわしている。頭髪は左から右へ後頭部をまわり大きく右肩にたらしている。この無造作な頭髪の表現が肉体的疲労をあらわしてハリツケの場面を想像できる。左右に開いた手は右が欠落しているが，肩のところで柄をつくり，体部の柄穴で結着する寄木法をもちいている。体部には左右から肋骨をたくみにあらわし腰に衣布を巻いて右側で結び垂下する。足の部分は両方とも欠落していて全容をしめさない。高さ 8cm で木彫の左手首にはクギ孔がみられ，ここで十字架に止められていたものとみる。十字架の残片はみられないので土中にあって腐蝕したものとみられる。

この木彫のハリツケのキリストと同形の左手と足が1本みつかったことで，同手法の像が2種類あることがわかる。

木彫像2は，十字架の木枠の中に，十字架にハリツケられたキリストの像である。長さ 7cm ほ

丹生台地からみつかった外耳素文壺と木彫の聖母子像

どの十字架の木枠はくりぬきであり、これに同形の蓋があったかどうかはわからない。中に十字架にハリツケられたキリストの像があるが、全体として1に比し扁平な彫刻で表情もリアルな点がみられないが全体がまとまり、ゴチック芸術の香り高い手法が各部にみられる。

銅彫像3は高さ4cm、縁取りの十字架で、上部に環を付けた垂れ飾式であったと思われる。表にはハリツケのキリストが彫刻されているが、前二者の木彫に比べると表情がいちじるしくおとる。裏面にはロサリオで環をつくり、それを中心に左右2個、下部に2個同様の文様をあらわす。下の2個のロサリオの環はさらに菱形につなぎ合せたロサリオに結ばれている。

木枠と聖母子像 (Imagen) 聖母子像は楕円形の木板（木枠）の中にあった。木枠は縦9cm、横4～5cmの板で、中央に長径6cm、幅3.5cmの楕円形の枠がほり込まれている。板枠は並の加工で周辺には面取りがみられる。この板枠の中に聖母子像が安置されるようになっている。聖母子像は縦5.5cm、幅3cmで、扁平な材料ではあるが巧妙、精緻な刀法でボリュームある像に仕上げられている。像は光沢があり金属の像とみられるほどに輝きがあって、材質はオリーブを使用している。

聖母はベールで上半身を覆い、左右に振りわけた髪が右肩から垂れる。子供の像は聖母の右肩に頭をつけ、足を支えられるようにして抱かれている。右手は顔の下におき、リンゴと思われるものを握っている無心な表情が各所にあらわされた高雅な作風であって、ルネサンス芸術にその例をみることができる。

メダイ (Medalla) メダイは全部で8個みつかった。その中にはバロック風の無原罪の聖母、キリストと聖母などの胸像の図柄がみられる。その裏面には福者イグナチウスとフランシスコ・サベリオが刻まれているものがある。この二者は1622年聖者になっており、福者は1619年におされている。メダイはおそらくこの頃つくられ、数年後わが国にもたらされたと考えられる。当時のわが国は厳しい殉教の中にあって宣教師と信者が弾圧の中でキリスト教の伝道と布教をおこなっていた。メダイに刻まれた福者の刻銘は、この多数の遺物の年代的総括をおこなうことができるものとして重要である。

ロサリオ (Rosario) 壺の中からは多数のロサリオが数組みつかっている。オリーブの木や木の実を加工して念珠をつくるのが古い形のものである。みつかったロサリオは形によって6組に分類される。念珠の先端にさげる十字架は、灯明形に彫刻された材料を4個紐でつなぎ合せてつくられる。木の実や木を加工して紐でつなぎ合せ、その先端に灯明形の十字架を置く。このロサリオの形式は16世紀頃流行したものである。またロサリオの先端にメダイをもってする方式はケルンの教会に保存されているといわれ、これらを含めて興味深い。

大分県丹生台地で壺とその中から多数の遺物がでたが、これらは美術的にみてもゴチック芸術の香り高いものである。信仰的にみてもっとも重要なことはオステア（パン）の一部がみつかったことから御聖体の存在を明らかにすることができる。このようにしてみると、外耳を付した壺形土器の内部からみつかった数々の遺物は、オステアを内蔵しているところから、弾圧のなかでの埋納であって、殉教の嵐の中の厳しいキリシタン史の一部であるとみてよい。そしてオステア（御聖体）を含む遺物がみつかった点で、この多数の遺物に対する論議はキリシタン史にとって大きい。

天文20年（1551）府内（大分市）にポルトガル船が入港している。それ以来教会が建立され、多くの信者が出入りしたことは記録に詳しい。

特集●神々と仏を考古学する

信仰の対象

日本人が古代から近世に至るまで信仰の対象としてきたものにはどんなものがあるだろうか。信仰の対象を考古学的に解明する

山の信仰／海の信仰／土地の信仰／池と沼と湖の信仰／空の信仰

山の信仰

山武考古学研究所調査研究室長
■ 大和久 震平
（おおわく・しんぺい）

山を聖地と考えるのは外国の場合と同様であるが，日本では
神道や民間信仰のほかに，修験道に支えられた部分が大きい

　山に関する信仰は，本来山そのものに対する場合と，山に棲むとされる常ならざるものへの尊敬，畏怖に分けられると思うが，実際には峻別がむつかしい。

　山を聖地と考えるのは日本だけでなく，古い時代のアジアやヨーロッパにも見られる。ただ，日本では山の信仰が神道や民間信仰によるもののほか，これらと仏教が習合して体系化した修験道に支えられた部分が大きく，国外の例とはいささか趣を異にしている。

　山の信仰に関する遺跡や遺物を考古学の立場から取り上げる場合には，通常の研究方法のほかに，こうした歴史的経過を一応踏まえておく必要があると考える。

1　山岳信仰遺跡の時代と種類

　山地の集落遺跡は別として，信仰に関する山岳遺跡の大部分は古代以降の歴史時代に属している。信仰の起源を縄文時代に求める考え方があるが，景観としてはありえても，直接的な資料がない。

　弥生時代には青銅器を山地の巨岩下に埋納した例があり，山岳高嶺は別として，祭祀としての山への志向がある程度裏付けられる。

　古墳時代になると山地に祭祀遺跡が多く見られるようになるが，高嶺の山頂部で祭祀が執行された例はなく，こうした処にも信仰の遺跡が見出せるようになるのは，律令制成立の前後と考えてよいようである。仏教の伝播蔓延と関係をもつことはいうまでもない。

　遺跡と遺物は切り離せない問題であるが，ここでは出土遺物の内容を割愛し，遺跡の種類や位置をまとめて簡単に述べておく。

　一口に山岳信仰遺跡とよばれるものも，実地を踏査してみると案外に種類が多い。大別すると山頂祭祀遺跡，経塚，池中納鏡遺跡，洞窟岩陰修法遺跡，社寺跡，宿坊跡，行場跡などといった内容になる。

　山頂祭祀遺跡が営まれた山は，山形や地理上の位置，信仰圏，回峰行との関係などが複雑に関係し合うが，これらを措いて実例に触れると，栃木県男体山などの日光連山，茨城県筑波山，富山県剱岳，同大日岳，石川県白山，滋賀県伊吹山，奈良県山上ヶ岳，弥山（みせん）などの大峰山系，鳥取県烏ヶ山（からすせん），福岡県宝満山などがあげられる。

　このうち奈良時代に遡る遺物を出土した山は男体山，筑波山，山上ヶ岳，弥山，宝満山である。この種の遺跡のある山は数が少ないが，その多くがかなり古い時期に祭祀が開始されていることと，律令初期におけるわが国の版図の中央と東西

59

栃木県男体山山頂遺跡
巨岩の絶壁上に営まれている

奈良県弥山山頂遺跡
緩やかな起伏の続く尾根通りにある

の境に位置していることに，注目しておきたい。

　剣岳と烏ヶ山は山頂から錫杖頭が発見されており，山系での山の位置と山容に共通性が見出せる。同じような高峰は他にも報告されており，比較資料の増加をまちたい。

　経塚は経典保存の施設で，末法思想の流行に伴って盛行したと考えられるが，後には単なる供養業に変質する。山の信仰に関係をもつといわれ，実際に修験道の山々には経塚が多く分布している。

　山中での経塚のあり方は一様でない。例えば栃木県太郎山，神奈川県大山，三重県朝熊山，奈良県山上ヶ岳湧出岩下，愛媛県奈良原山，高知県横倉山，福岡県求菩提山，同英彦山などは山頂に営まれており，静岡県日金山，山梨県白山平は中腹までの間に造営されている。同様の位置にあるが京都府笠置山は巨岩の磨崖仏に，和歌山県那智山は滝にそれぞれ関係する占地と考えられる。山麓にある例としては神奈川県八菅山，静岡県伊豆山，鳥取県三徳山，和歌山県新宮などがあげられる。

　最古の経塚遺物は山上ヶ岳湧出岩下から出土しているが，古い時期の経塚が必ずしも高所に造られたわけではなく，室町期の経筒や近世の礫石経が高嶺の頂部から発見されていて，遺跡の時期と山での位置の関係が，まだ法則的に突き止められていない。また，富士山頂三島ヶ岳，群馬県草津白根山旧火口の経典も普通の経塚とは異なる埋納法であるが，山中埋経の一例として注意を要する。

　池中納鏡は山中にだけ見られるものではないが，山地の湖沼に納められた著名な例として山形県羽黒山，群馬県赤城山，同榛名山があげられる。出羽三山の一つ湯殿山では温泉を湧出する神体岩の陰から和鏡が出土しており，やはり水に関係を持つ。検索が非常に困難であるが，信仰の山にある湖沼や滝壺は調査対象とみておかなければなるまい。

　洞窟岩陰の修法遺跡や山中の古社寺跡，宿坊跡などは，峰々に散在する小祠，石仏，墓石とともに，山中抖擻あるいは後の修験道の集落や峰行の遺跡である場合が多い。これらについては，一つの山系での克明な分布調査と発掘が必要である。

2　遺跡に関する若干の問題

　山岳遺跡には巨岩に関係するものがかなりある。山頂遺跡がとくに顕著で，男体山，筑波山，白山，山上ヶ岳，横倉山，宝満山，求菩提山が好例としてあげられ，この中には経塚も含まれる。所謂磐座信仰が踏襲されたものと考えてよい。

　この反面，巨岩に関係のない遺跡の多いこともまた事実である。弥山，葛城山，奈良原山がこの例で，八菅山，伊豆山，日金山，白山平といった経塚は，遺跡の周囲にも巨岩が見当らない。山の信仰遺跡は，磐座ばかりでないことを承知しておくべきである。

　遺跡と修験道の関係は重要であるが，すべてではない。現在知られている修験道には，山に多様の物品を報賽する儀礼はない。多彩な山への報賽品は修験道儀礼の研究課題でもあるが，出土品の中には修験道とは関係のないものも含まれている。互いに接点を求める研究が，今後具体的な問題で必要になろう。

海 の 信 仰

岡山理科大学教授
鎌 木 義 昌
（かまき・よしまさ）

まわりを広く海に囲まれた日本において海と人とのかかわり
は深いが，海に関する遺跡は４世紀以降に多くしられてくる

1 海に対する信仰・祭祀

神と祈りと祭りの誕生が，人力によってなし得
がたい現象に対する心のあり方が前提となってい
る事は疑えない。その内容は極めて複雑で，その
あり方をこまかに細分することによって，古い時
代の祭祀をいくつかに分類することが可能だろ
う。そのような分類の中で「海」を対象とする信
仰および祭祀は，自然および自然現象に神の存在
を認めたものの一つといえる。

日本を取りまく海は大きく広い。海は，おだや
かな日は静まりかえり，人々に豊かさを与えた。
また荒れる日は，人々の世界にきびしさとあらゆ
る困難さを与えて来た。長い人間の生活の中で，
海と人とのかかわりあいは深く複雑な結びつきを
もっている。海を旅する人々にとって，風吹きす
さぶ暴風雨の日は，旅を困難なものとするし，潮
の干満は，船の進行に強く影響した。海には豊か
な食糧資源があり，その漁撈の成否は，生活の安
定に大きくかかわったし，塩の生産も海を前提と
した。つまり，海に見られる自然現象や海に関わ
る生産は，人力では如何ともなし難いもので，人
人が，それに神の存在を認め，祈りと祭りが誕生
する要素を強くそなえている。

そのような前提のもとに，今までに発見された
祭祀遺跡を眺めると，海との関連を強く感じるい
くつかの遺跡が知られている。しかし，その多く
は，４世紀以後，つまり古墳時代ないしそれ以後
の遺跡で，縄文・弥生時代の遺跡では，海の祭祀
としての確認が困難である。

海の信仰を前提とする祭祀を考えるには，いく
つかの条件を満たす必要がある。まず第一にあげ
なければならぬのは，海に近い遺跡で，自然環境
の中で海との接触が認められなければならない。
ついで問題となるのは，祭祀遺物の中に，海への
信仰を物語るような具体的遺物の存在が必要とさ
れる。さらによりその性格を具体的に把握するた
めには，海の航行にかかわりある遺物や特定の生

産（漁業・塩）にかかわりある遺物が遺跡との関聯
の中でとらえられなければならないはずである。

まず縄文時代の遺跡の中で，そのような要件を
そなえたものがあるかどうかであるが，勿論海に
接した海岸部，島嶼部の発祉遺跡は知られている
が，祭祀遺物の面で，とくに海の祭祀とされる遺
跡は知られていない。この時期の祭祀遺跡・遺物
と呼ばれるものの中には，配石遺構・石製品・土
製品などが知られている。しかし，どれを取り上
げてみても，海の祭祀と確定することはできな
い。しかし，海と海の生産は縄文人にとっても極
めて結びつきが強かったはずで，遺跡のあり方か
ら見て，特定はできないが，それらの祭祀の存在
は否定できない。

次の弥生時代に入っても，この傾向は引き継が
れる。しかし，狩猟・漁撈生産を中心とする社会
から農耕生産を主体とする社会に移行したわけだ
から，その内容はかなり変化する。前の縄文時代
と比べて，祭祀の対象と内容はかなり具体的とな
ってくるが，とくに海の信仰・祭祀として取り上
げられるものは極めてすくない。新しい祭祀遺物
として，青銅器類の存在がとくに注意されるが，
これが特定の信仰・祭祀と結びつくかどうかにつ
いては定説がない。面的構成の明らかでない海底
から銅矛の発見された福岡市姪ノ浜沖合（広形銅
矛２），福岡市西区唐泊落水沖（広形銅矛１）につい
ては海上鎮護を願う海中投下ではないかとの考え
方もあるし，長崎県（対馬）下県郡豊玉町黒島か
らの広形銅矛（15）についても海上交通の安穏を
祈念した埋納ではないかとの考えもある。しか
し，弥生時代の海の祭祀と確定する遺跡がほとん
どないことも確かで，今後の検討を待たねばなる
まい。

2 海上の交通にかかわる祭祀

４世紀ないしそれ以後になると，かなり具体的
な形で海の祭祀が知られる。すくなくとも４世紀
代からの祭祀の知られた著名な遺跡としては福岡

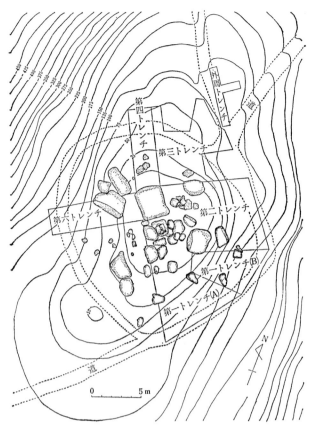

岡山市高島遺跡配石祭祀遺構

県沖ノ島遺跡がある。この遺跡で発見される祭祀遺物は，あらゆる種類の祭祀遺物をともなうとともに，宗像神社沖津宮の信仰として，航海者の海の安全を祈る祭祀として，この遺跡の性格が明らかにされている。出土する祭祀遺物から，あるいは文献的に見ても，とだえることなく，その信仰は現在も残されている。このような航海の安全を祈る神の鎮まる場所といった性格の祭祀遺跡は，海上交通の盛んとなる5世紀以後には，各地にその存在が知られる。

しかし，この種の遺跡のもっとも多く見られるのは，瀬戸内をめぐる近畿・中国・四国・九州の各地で，5世紀代以後の瀬戸内航行や大陸との接触の頻繁さを前提としたものであることは疑えない。三重県鳥羽市神島，岡山県岡山市高島，香川県直島町荒神島などの諸遺跡は，この群に属すべき遺跡で，沖ノ島遺跡などのように巨岩を中心とした祭祀遺物の発見される例も多い。これらの遺跡のなか，岡山市高島遺跡などでは，周辺の海中から同時期の遺物類が発見されており，静岡県伊豆半島周辺とか，新潟県を中心とする北陸には，

海中より祭祀遺物の発見される報告例も多く，海神に対する祭具類の投供行為とされている。これらの実例は遺跡地点の確定が困難であるが，風波などによる海上交通の困難な地点も多く，海の旅の安全を祈る祭祀と考えてよいだろう。

すこし時代は降るが，岡山県笠岡市大飛島遺跡などのように，奈良時代から始まる祭祀遺跡の中にも海上交通の安全と結びつけ得る遺跡が知られる。ただこの遺跡から発見される祭祀遺物の中には，唐代の舶載鏡を始め，和三彩，皇朝十二銭などのような当時として，宮廷に関連性を考えさせる遺物類を出土しており，沖ノ島の同時期の祭祀遺物と性格が類似する。これらのものは古代律令制の成立と関わりあいがあり，中央集権国家の中枢部と直結する祭祀が，古墳時代の終末以後，急激に姿をあらわしたのではないかと考えられる。つまり中央権力と結びついた祭祀遺跡が，民間信仰を母胎とした祭祀の中から分離されるのがこの時期ではないかと推定される。

3 生産に結びついた祭祀

他の海の祭祀については最近，生産を前提とした祭祀遺跡ではないかと考えられるものが注意されている。香川県など北四国を中心とする地域で，塩生産の師楽式土器遺跡の中に，祭祀遺物の発見される例が気づかれている。徳島県鳴門市瀬戸町字日出遺跡，香川県三豊郡詫間町大浜船越遺跡，愛媛県越智郡魚島村大木遺跡などで，岡山県玉野市田井遺跡でも製塩土器に混じって祭祀遺物が発見されている。同様な例では福井県大飯郡大飯町浜弥遺跡などのように北陸地方にも実例が知られており，いずれも製塩遺跡の多い地域である。

また漁撈に関する祭祀も存在するはずだがこれは祭祀遺物の中に漁獲のみに結びつく要素がすくなく，海の祭祀遺跡の中にその多くが複合しているのではあるまいか。強いて取り上げれば，岡山市高島遺跡の低地部から，多量の石製模造品などに混じって鉄製釣針の若干が出土している。これなどは前記状況を物語っているように思える。

以上，海の祭祀遺跡を分類すると，海上の交通にかかわる祭祀と，生産に結びつく祭祀と二つに大きく分類されるのではないかという推定を結論とした。

土地の信仰

國學院大學教授
■ 乙益重隆
（おとます・しげたか）

地神には中国におこった土公神を祭る信仰のほかに，日本に
も地主神の信仰があり，地鎮の祭りは今なお行なわれている

農耕社会になると土地に対する価値観がたかまるとともに，土地の私有意識が発達した。中国ではすでに殷の頃から土地は共有物または私有物である以前に，神の所有であるという観念があった。周代の礼式や祭典などについて記した『礼記』によると，天と地の神の祭りのことがみえる。すなわち祭法第23によると柴をまるい壇上に積んで燔き天を祭り，方形の壇を築いて物を埋め地を祭るとあり，その時は赤毛の小牛を犠牲に供するという。このような天神と地神の祭りは後の時代にも長く踏襲され，天子自らがとり行なう重要な祭典行事の一つとなった。

『漢書』武帝紀によると前漢の武帝は前133年，すなわち元光2年，都長安の西方にあたる雍において，黄帝・青帝・赤帝・白帝・黒帝からなる天の五神を祭った。ついで元鼎4年（前113）には長安の東方，黄河を渡った汾陰において，后土の神，すなわち地神の祭りを行なった。影山剛氏[1]によると汾陰という地は今の山西省万栄県地方にあたるという。

実はこれより先，前117年（元狩6年）汾陰の地で鼎が発見された。おそらくそれは殷代において地神に対し，瘞埋として供したものを偶然に掘り出したものであろう。しかし武帝は后土の神が自分の善政を認め，奇瑞をあらわしたものと解し大へん喜んだ。そして年号を元鼎とあらため，4年に一度ずつ現地に御幸し后土の神を祭った。とくに前107年（元封4年）の行幸時には神の感応があったと称し，汾陰・夏陽・中都など33県の人たちの税を減じ，あるいは免じ，罪人の罪を軽減するなど善政につとめた。これが慣例になって歴代の天子は汾陰に御幸し后土の祭りを行なうようになったという。ところが后土の神を祭るにさいしては，何か捧げ物を地中に埋めたらしいが明らかでない。すでにのべた『礼記』には玉や小牛を埋める記事があり，後世になると酒その他いろんなものを埋め捧げたらしい。

このような中国における地神の祭りは，とくに墓を築くさいには厳重をきわめた。そのために被葬者は墓の位置を冥界の王である后土神（土公神）から買い求めなければならなかった。その時に証拠として作成される文書または金石文を買地券，または冥券という。買地券の用例はすでに漢・魏・六朝時代以来しばしば墳墓に伴ったものが知られており，これについては羅振玉氏の尨大な研究がある[2]。

また1973年，韓国の公州宋山里古墳群の一つとして発見された，百済の武寧王と王妃の合葬陵には，墓室内に墓誌が置かれていた。墓誌銘によると武寧王は生前斯麻王といい，癸卯年（523年）5月，62歳で亡くなり，王妃もまた3年後の丙午年（526年）に亡くなっている。そして碑の背面には次のような文が彫られていた。

「銭一万文右一件乙巳年八月十二日寧東大将軍百済斯麻王以前件銭訟土王土伯土父母上下衆官二千石買申地為墓故立券為明不従律令」

文面によると銭一万文を支払った右の一件は，乙巳年（525年）8月12日，寧東大将軍斯麻王が，件の銭で土王，土伯，土父母，上下衆官，二千石に訴えてこの地を購入し墓を立てた。故に券を立てて明らかにするものである。このことは律令に従って行なったものではないという意味に解せられる。とくに土伯以下は土王の眷属配下で，二千石というのは地方長官のことであるという[3]。もちろんこのばあいも銭一万文を確かに払ったかどうか明らかでないが，後になると多くのばあい偽金が献げられる。

こうした買地券，あるいは冥券をもって土地をあがなう習俗はわが国にも伝わり，文政年間（1818—1830）岡山県吉備郡真備町尾崎字瀬戸において発見された，素焼の粘土板2枚には次のような文がみえている。

「備中国下道郡八田郷戸主矢田部石安□白髪部毗登富比売之墓地

以天平寶字七年二次癸卯十月十六日八田郷長矢田部益足之買地券文」

銘文は2枚とも同文であるが，備中国下道郡八田郷は後の「也多」にあたり，今の「箭田」にあたるという。戸主である矢田部石安と，白髪部毗登富比売は夫妻なのか親子なのか明らかでない。この2人のために墓所を買得したのは郷長の矢田部益足であった。とにかくこの3名の関係は簡略にすぎ，明瞭でないが，天平宝字7年（763）という年代の明らかな買地券として重視される[4]。

このような買地券はさる昭和54年10月，福岡県太宰府市大字向佐野字宮ノ本および長浦・日焼にわたる遺跡群の中からも発見された。中でも宮ノ本1号火葬墓に伴った鉛板には墨書銘文があり，次のごとくみえている。文字は6行にわたって楷書で書かれており，第1行目は不明で，第6行目も末尾の「白」を除いてすべて不明である。

（前一行不明）
□□戌□死去為其□坐男好雄□縁之地自宅□□方有　其地之寂静四方□□□可故買給方丈地其直銭貳拾伍文鎏一口絹伍尺調布伍□白綿一目此吉地給故霊平　安静坐子々孫々□□□全官冠□禄不絶令有□七珎
（後一行不明………甖白）

文面によるとこの買地券は□坐男好雄なる者が，おそらく自分の父のためであろうか，自宅の□□の方にある静寂の地四方□□□の地一丈四方を買い求めた。その値段は銭二十五文と鎏一口，絹五尺，調布五□，真わた一目を支払ったという。欠字が多く被葬者の名前が明らかでないが，おそらくその年代は8世紀頃の所産とみられている[5]。

こうして土公から土地を買得し，神の霊を鎮める祭りが地鎮祭であった。もしこれを怠り，あるいは誤ちをしでかすと大変な祟りをこうむった。『今昔物語』本朝篇巻24によると文徳天皇の崩御にさいし，陰陽師兹岳川人と安陪安人は天皇の陵墓の選定を誤った罰で地神に追われ，ようやく稲積の中にかくれ，命をまっとうした物語がみえている。もちろんその物語は史実とは思えないが，地鎮祭を行なわず墓をたてることは絶対に許されないという観念が，強く働いていることだけは否定できない。平安時代における宮廷内のことを記した公卿の日記には各所に地鎮のことがみえている。すなわち『権記』によると寛弘8年（1011）7月8日には，一条天皇の崩御にさいして墓をたてるための地鎮が行なわれ，『左経記』長元9年（1036）5月18日の条にも後一条天皇の崩御にさいして地鎮が行なわれ，『中右記』嘉承2年（1107）7月24日の条にも堀河天皇の崩御にさいして地鎮が行なわれている。その他にも史上の記録には地鎮に関することが少なからずみられる。

また『延喜式』神祇2，臨時祭には「鎮二土公一祭」のことがみえ「絹一丈　五色薄絁各四尺，倭文四尺，木綿一斤，麻一斤，鍬二口，布一端，庸布二段，米五升，鰒堅魚各三斤，海藻三斤，腊二斤，塩二升，瓷一口，坏四口，匏一柄，槲十把，倉薦一枚」などが供献されている。さらに『同書』巻50，雑式には毎年正月に行なわれる諸国の害気鎮めのことがみえており，それは次のような祭りであった。

「凡諸国鎮二害気一者　於二国郡郷邑一　毎年正月上厭日作レ坑方深三尺，取二東流沙三斛一置二坑内一以二醇酒三斗一灌レ沙，然後以レ土覆レ之，大小各蹈二其上一，以レ杵築レ之，各二七杵，咒曰，害気消除，人無二疾病一，五穀成熟」

この祭りも単なる害気鎮めの祭りのようにみえるが，坑を3尺も掘り下げ，砂を入れ，あるいは豊醇な酒を3斗そそぎ，その上を咒言をとなえながら杵でつくところから，おそらく地神の鎮魂を目的とするものであろう。

このように地神の信仰には中国におこった后土神（土公神）を祭る信仰のほかに，わが国独自におこったとみられる地主神の信仰があった。それはあまりにも日常生活に直結しているせいもあって，文献記録に登場するものが少なく，主として民間信仰の中に残った。そのため一般には田畑や路傍，あるいは屋敷内には必ずと地主神を祭り，家を建てるさいにも地鎮の祭りを行なった。その他地上または地下の領域を侵すような工事のばあいにも，必ずと地鎮の祭りが行なわれた。しかも地主神はその土地の開拓神として，あるいは祖霊神として祭られ，やがて独立した神社に生長するばあいが少なくなかった。

註
1) 影山剛『漢の武帝』教育社，1979
2) 羅振玉『貞松堂集古遺文』1930，その他
3) 瀧川政次郎「百済武寧王妃墓碑陰の冥券」古代文化，24-3，1972
4) 間壁忠彦・間壁葭子「天平宝字7年『矢田部益足之買地券』（白髪部毗登富囲売墓地導券）の検討」倉敷考古館研究集報，15，1980
5) 『宮ノ本遺跡』太宰府町の文化財，3，1980

池と沼と湖の信仰

東京国立博物館有史室長
亀井正道
(かめい・まさみち)

水霊信仰は，考古学的には古墳時代以後顕著に認められるが，平安時代以降には「池中納鏡」が眼をひくようになる

水は飲料として，また農耕用として人間の生活に欠くべからざるものであることから，わが国の原始信仰の中でも，これに対する信仰は重要な部分を占めている。

水の信仰と一口に言っても，井戸・池泉・湖沼・河川・瀑布・温泉などその対象は広い範囲にわたっている。しかしここで与えられた題目は「池と沼と湖」についてであるから，以下これらについて概略述べることにしよう。

1 水霊の認識

古代における水霊の認識は，湛えた水の形状や性質，所在の環境などによっても若干異なり，水霊認識の要素については，すでに大場磐雄氏が幾つかの項目を挙げて説明している[1]。すなわち住居や集落を営むに当って，飲料としての水の確保は不可欠の条件であり，水田耕作の開始以後は灌漑用の水の供給も，直接収穫を左右する重要な条件となっている。洪水の暴威や，また涸れたり，反対に夏期にも涸渇しない現象を，人力をもってしては如何ともしがたいもので，それは専ら神意に基づくものと感じた。深山幽谷や山頂など所在地の環境によって，神秘的な感覚を体験する場合もある。あるいは温泉なども水の霊能を示す一例で，『出雲国風土記』に玉造温泉の霊験を記して，神の湯と称しているものなどはその代表的な例であろう。

これらについて，さらに詳しく述べるゆとりがないので省略するが，要するに人間の生活にかぎりない恩恵や暴威，ひいては畏怖感，神秘感を与えることから，それを支配する神霊の認識となったと推定される。

次に代表的な遺跡の例を挙げて若干説明を加えてみよう。

2 水にかかわる遺跡

島根県松江市大庭町　八重垣神社鏡ヶ池[2]

八重垣神社は松江市街地の南々東に鎮座する古社で，『出雲国風土記』や『延喜式』に記載される佐久佐神社に当るとされている。社殿背後に存在する鏡ヶ池は，祭神櫛稲田姫命が姿を映した所と伝え，それにちなんで縁結び池とも呼ばれ，銭を浮べて良縁を占う風習がある。池は山麓からの湧水を湛え，4年目ごとに池替えの神事が行なわれている。以前行なわれた池替えの際，多数の銭とともに須恵器・土師器や土馬が発見された。須恵器は坏・高坏・甕・長頸壺などで，山陰第3期，第4期[3]以降のものを含んでおり，時間的にやや永い期間にわたっているようである。馬は陶質のもので，首や脚を欠失しているが注目すべき存在である。附近は古墳や集落などが存在する地形ではないので，明らかに池中に投入して池神に捧げられたものと考えられる。

埼玉県熊谷市西別府　湯殿神社裏遺跡[4]　湯殿神社は高崎線籠原駅の北方約2km，荒川扇状地縁辺部の台地上に鎮座する。遺跡は神社裏の一段低くなった湧水堀に位置し，通常とは著しく異なった立地を示している。この堀は今では小川状に細くなっているが，以前は北方一帯の水田とともに各所に湧水点があり，いわゆる別府沼を形成していたが，耕地整理によって堀となったもので，夏期には満水となるが，その他の期間はほと

埼玉・湯殿神社裏遺跡　中央大木の下

赤城山頂小沼

んど涸れている。遺物は、堀の中の狭い範囲に堀の底に堆積する浅い砂質土層中から検出された。土師器・須恵器などはいずれも小破片になり、しかも磨滅しており、永い年月湧水によって攪乱されていたことを物語っている。このほか滑石製の櫛・勾玉・有孔円板・有線円板・剣形品・馬形などがあり、石製模造品としては大形粗造で、とくに櫛は横櫛であることが注意をひく。土器は鬼高式以降の形式を含んでいる。

ところで『新篇武蔵国風土記稿』によると、湧水点附近は湯殿神社の御手洗池と称され、雨乞の信仰が残っている。この遺跡は特異な立地と遺物の出土状態・内容などから、沼神の信仰に関連して行なわれた祭祀の跡を示すものと考えられている。

群馬県勢多郡赤城山頂 小沼・大沼[5] 赤城山は最高峰1,828mの黒桧山のほか、群峰相寄って一つの山岳を形成している。これらの山々の間の旧火口および火口原に水を湛えたのが、小沼と大沼である。赤城山の南麓に位置する櫃石は、磐座として古墳時代以降の祭祀遺跡が存在するが、山上の湖からも遺物が発見されている。小沼はほぼ楕円形の小さい火口湖で、そのためか晴天が続くと夏期などには水位が下ることがあり、岸辺から鏡その他が採集されている。すなわち鏡は八稜鏡が主で、平安後期のものが最も多く、次いで鎌倉・室町・江戸時代のものまであり、都合13面を数える。このほか古銭・仏具残片などがある。

大沼は小沼よりはるかに大きくまた水深も深いと思われ、常に満々と水を湛えているので、湖底に何が存在するか知る由もない。しかしかつて湖岸附近から隋鏡1面が採集されている[6]ので、小沼と同様に湖中に投入された遺物の存在は想像に難くない。

ところで文献によると、赤城神は承和6年(839)に従五位下を授けられ、さらに数度の神階昇叙があり、元慶4年(880)には「赤城石神」などに従四位上を授けたとあるが、この「石神」は異本には「沼神」とされているものがあるので、赤城神は沼神としての信仰も持っていたことが推測される。赤城神の文献上での初見は承和年間であるが、さらに遡った時代から信仰が存在したことは、櫃石遺跡や大沼発見の隋鏡によって知ることができる。しかし水霊信仰の最も盛行したのは、修験道が流行した平安時代に至ってからであろう。このような「池中納鏡」の事例は、山形県出羽神社鏡ヶ池など約20例が存在することが確認されている。

3 今後の展望

以上のような水霊信仰に関連する考古学上の遺跡は、水中に存在することが多いため発掘調査がほとんど不可能で、偶然の発見にまたなければならない。その上水中発見のものは信仰的意図から投入したものか、偶然水没したものか判定に苦しむ場合があるので、遺跡の例証は必ずしも多くない。また池と言い、沼・湖と言葉の上では区別をしているが、所詮は大小の差で、性格上や呼称の上でも厳密には区別をつけられないのである。将来水中考古学などの発展と相まって、この種の遺跡の様相もより正確に把握されることを期待したい。

註
1) 大場磐雄「水霊信仰の考古学的考察」祭祀遺蹟、角川書店、1970
2) 大場磐雄「祭祀遺蹟の研究」祭祀遺蹟、角川書店、1970
3) 山本清「山陰の須恵器」山陰古墳文化の研究、山本先生退官記念論集刊行会、1971
4) 大場磐雄・小沢国平「新発見の祭祀遺跡」史跡と美術、338、1968
5) 大場磐雄「赤城神の考古学的考察」神道考古学論攷、葦牙書房、1943
6) 今井善一郎『赤城の神』煥乎堂、1969

空 の 信 仰

國學院大學講師
■ **椙山林継**
（すぎやま・しげつぐ）

空，天，雨，雷，太陽などに対する信仰は文献の上からは存
在するが考古学からの追求ではまだ確認されないようである

空を対象とした祭りの考古学的資料というもの
は現在知られていない。ただし，その可能性は全
くないか，この際考えてみるのもおもしろいかも
しれない。

1 空の祭り

「空」は古く「虚空津日高（ソラツヒダカ）」「虚空津比売（ソラツヒメ）」など
の人名にみえるように「虚空」あるいは「虚見つ
山跡の国」「虚より翔り行かむ」と1字でも「そ
ら」，また「蘇良比古神社」とか「空」の字もみ
える。

このうち，神名にみえる「そらつひこ」「そら
つひめ」が「空」の神格化であるかどうかという
と，「虚空津日高」は山幸彦，火遠理命，彦火火出
見尊の別名で，天津日高の子であって，海神に対
して天つ神という意識はあるが「そら」そのもの
ではない。また「虚空津比売」は開化天皇の子孫
中にあって，息長宿禰王の子となり，これも直接
「空」とは関連性がない。記紀万葉の「そらみつ
やまとの国」という言葉をみても「そら」そのも
のが祭祀の対象とはなりえなかったようである。

2 天の祭り

「天」は「そら」に比べて古典の用字例は非常に
多い。しかしこれも形容詞的に使われているもの
を除いて，「天御中主神（アメノミナカヌシノカミ）」「天津国玉神（クニタマ）」など拾って
みても天の真中に主としておる神，顕し国玉に対
して天の国玉としての神など，天を領有する神と
して概念的に造りあげた神がある。しかし，これ
が祭祀の対象となった実例はあるだろうか。少な
くとも古代にあってはほとんどないと思われる。

桓武天皇は長岡京に遷って最初の冬至の日に，
現在の枚方市にある交野柏原で天帝を祀る郊祀を
行なっている。林陸朗氏「長岡・平安京と郊祀の
円丘」（古代文化，26—3，1974）を引用させてもら
うと，

わが国史上に郊祀のことが明記されているの
は，諸氏も指摘されているように，次の3回で

ある。
①延暦四年十一月壬寅（十日）＜『続日本紀』＞
②延暦六年十一月甲寅（五日）＜『続日本紀』＞
③斉衡三年十一月甲子（二十五日）＜『文徳実
録』＞

このうち①の延暦四年の記事は極めて簡単で
『祀ニ天神於交野柏原ー，賽ニ宿禱ー也』とあるだ
けであるが，②の延暦六年の場合は『祀ニ天神
於交野ー，其祭文曰……』として，昊天上帝を
祭る文と高紹天皇（光仁）を配祀する文との二つ
の祭文を掲げている。この祭文は狩野・滝川両
博士が指摘されたように，『大唐郊祀録』所収の
唐の郊祀祭文と殆んど同文のものであり，ただ
唐では昊天上帝に配祀するのに太祖または高祖
をもってしているのに，桓武天皇の場合は父帝
光仁天皇を配祀しているところが，明瞭な，し
かも重要な相違点と考えられるのである。（註，
滝川博士はこの点を重視され，天武系より天智系へ
の皇統の移動を示すもので，これは天命の降下と観
ぜられ，新王朝創始に匹敵されると説かれているが，
その論旨に賛成したい——滝川政次郎「京制並に都城
制の研究」『法制史論叢』第二冊所収，昭和四二年。
林陸朗『長岡京の謎』昭和四七年。）

次に③の文徳天皇の場合は，まず十一月辛酉
（廿二日）に権大納言安倍安仁らを光仁天皇の後
田原山陵に派遣し，今月廿五日に交野原で「昊
天祭」を行い光仁天皇を配祀する旨を奉告さ
せ，翌壬戌（廿三日）には，宮庭において郊天祀
板（昊天上帝を祭る祀文を書いた板）を大納言藤原
良相から受けられ，菅原是善の捧げる筆硯を執
って諱を自署され，珪（玉笏）をもって北面し
て天を拝された。そのあと大納言藤原良相らを
勅使として，河内国交野に派遣せられ，良相ら
は茅で編んだ敷物の上で儀式の予行演習を行な
った。そして，翌甲子（廿五日）の当日は，交野
の「円丘」に於いて「夜漏上水一尅」つまり子
刻（午前零時三〇分）に祭天の儀式を執行したの
である。良相らは帰京して天皇に胙（祭壇で牲

として焼いた肉）を献上した。

以上引用させていただいたが，林氏はさらに現在の地点を追求され，『北河内郡史蹟史話』を引かれ，「交野郊祀壇址　山田村大字片鉾杉ヶ本神社の南方，道路の西側なる田圃の中にある。広さ四坪ばかりの墳墓の様な形をして居る小丘があつて，官有一番地といふことになつて居る。もとここに交野の一本杉と呼ばれた杉の老木があつて有名であつたが，明治十五年頃に枯れてしまつて，今は高さ二丈位の貧弱な杉が一本植ゑられてある」。また旧『枚方市史』（昭和26年刊）の挿図写真に「郊祀壇址」があってこの記載と合致しているようであるといわれる。林氏が現地を訪ねた折には，杉ヶ本神社の南方の住宅地内で教育委員会が建てた標識板の棒杭の根だけが残っていて，「墳墓の様な形をして居る小丘」も全く見ることができなかったという。

さらに，延喜式祝詞の東西の忌寸部が横刀を献ずる時の呪に皇天上帝その他の名もあるが，唐風文化をそのまま受けいれた「まつり」に天をまつる例があっても，これは仮り物文化で，まもなく失なわれ，定着しなかった「まつり」といえよう。

3　雨と雷

「天」から降るものに「雨」がある。降雨祈晴の対象は「そら」であろうか。これもわが国では水分神，山口神を中心とした神々で，延喜式の「祈雨神祭」には八十五座があげられる。そして絹，五色薄絁，糸，綿，木綿，麻などのほか，とくに丹生川上社・貴布禰社には各々黒毛馬一疋を加える。またなが雨の止まない時には白毛の馬を加えることとある。水分神は分水嶺に居る神であろうし，山口の神は，山の入口に居って山を領知する神なのであろう。

また前記八十五座の内には樺井社とか木嶋社とか井，泉の神，あるいは川の神と見られる神も含まれるが，いずれも天上を抑いで降雨を祈るのではなく，現実に水に接して水を求めているようである。もっとも『中臣寿詞』には「天忍雲根神」が天の二上山に上って神漏岐神漏美命の前にことのさまを申すと，天の玉櫛を下されてこの玉櫛を刺立て，夕日より朝日照るに至るまで，天都詔戸の太詔刀言（アマツノリト）（フトノリトゴト）を告りなさい，祈りなさい。そうすれば，竹の子が生い出で五百箇が生じ，その下から「天の八井」が出てくる。これをもって天都水と

せよ，とある。山の頂で祈ることもあったのであろうか。

二上山の頂は天に近いのであろうか。『竹取物語』は「不死の薬の入つた壺を駿河国の山の頂にて燃し，その煙いまだ雲のなかへたち上るとぞ言い伝へたる」と天に近き山，ふじの山の名でむすぶ。

不老不死の薬はともかく，頂上三島岳には中世の経塚が営まれていた。噴煙があがり震動する山であっても，天に近く神の力の強いことを信じての埋経であったか。この富士山の表口に富士山本宮浅間大社がある。その社殿は二階造りというか，屋上屋を重ねたような特殊なつくりで，「天上御供」という神饌を奉る祭りがある。これも天に対してというより，天に聳える高い山の神に対するものか。

山の頂は天に近いために，神が依りつき易いのか，祈雨祭の神の一である山城上賀茂の賀茂別雷神は現在の社殿の北方，「神山」に降りられたという。古い雷神信仰の好例であろうが，この「神山」そして毎年葵祭に先だって行なわれる「みあれ所」のまつりの場も，実は祭祀の遺物が多量に埋納されているが，まだ調査されていない。

4　太陽の信仰

太陽はどうか，日奉部のように太陽をまつる集団，八咫烏を祖とする集団などのほか，日の御子として，やまとを知ろしめす天皇家がある。

天照大神は，天を照らす大神であり，天の岩戸に隠れれば地上世界も闇になってしまう。岩戸開きの折に作られた鏡の最初のものは意に添わなく紀伊国の日前宮となり，次が日神として伊勢に祭られる。ここでも日を直接にまつるのではなく，鏡をまつる。太陽に似た鏡が天照なのであり，大和の鏡作に坐す天照御魂神社も漢式鏡を御神体としていた。もっとも日前宮から子持勾玉，伊勢の神宮荒祭宮後方からは石製模造品が出土しているが，太陽を遙かに拝した遺跡とは言えない。

延喜式の山城国向日神社，大和国神坐日向神社（ミワニマス）なども，日を祭る社とみられるが，古墳時代に遡る祭祀遺物はない。

こうしてみると，日本人は，本来かなり直接的に，現実に引き降して，神の手をとって，まつりをしていたのであろうから，「そら」「天」は直接対象とは言えないようである。

特集●神々と仏を考古学する

外国の宗教考古学

仏教や道教を日本に伝えた中国と朝鮮における宗教考古学の研究は一体どんな現状だろうか。そして日本の，宗教にかかわる遺跡・遺物との関連はどのようであろうか

中国の宗教考古学／朝鮮の宗教考古学

中国の宗教考古学

橿原考古学研究所所員
菅谷文則
(すがや・ふみのり)

中国では文革などによって一時宗教考古学の研究が中断したが，最近は孔望山摩崖造像のような論文が増加してきている

1 宗教考古学の現状

現代中国においては宗教を信じる自由は憲法において保障されている。中国を構成する民族のうち，人口比のもっともたかい漢族にあっては，1949年の建国に伴う諸制度の改革の一部門としての宗教政策によって，宗教そのものを布教・伝導することが著るしく困難になったので，いわゆる無信仰・無宗教の状態を呈するようになった。現在の中国にあっては，仏教（喇嘛教を含む），キリスト教（旧教，新教），回教（伊斯蘭教）などの世界的規模の拡がりをもつ宗教がおのおの「協会」を成立させ活動をしている。中国解放前における漢族の中心的宗教であった儒教はみられず，道教も同じである。おもに辺境地帯に居住する各少数民族の信じる，たとえばオロチョン族のシャーマンや，トーテミズム信仰などの原始宗教については，いまもおこなわれていることは民族学の報告に詳しい[1]。

ところで中国の考古学研究において，宗教考古学という分野は成立しているのであろうか。この点については宗教考古学が各地域の特色によって，すべての宗教を考古学の手法によって解明するよりも，キリスト教考古学，聖書考古学，仏教考古学，イスラム教考古学などと，考古学の上に，研究対象の名称を冠することが多いことから判るように各々，個別具体的に研究対象に取り組んでいるのが現状である。こういう意味において中国の宗教考古学が主として取り上げねばならないのは，儒教や道教のように中国において発生・展開・発展し，かつ周辺地域に影響を及ぼしたもので，その最たるものは儒教で道教がこれにつぎ，とくに後者は各地の原始宗教と融合，変化し，大きい影響を及ぼした。景教や摩尼教などは古くおこなわれたが，のち滅亡した。

ところが，中国の考古学の主流は器物・古碑等等の研究[2]で，宗教遺跡の調査や研究に活動の重心がおかれていなかった。このことと，さきに記した1949年以降の社会の動向とは関係がないと思われる。建国20年間の考古学の文献をまとめた『中国考古学文献目録 1949—1966』によれば，20年間に出版された石窟寺（すべて仏教に基づく石窟）に関する単行本は49点にものぼる。

年号	51	52	53	54	55	56	57	58	59	60	61	62	63	64	65	66
点数	1	2	2	3	5	6	7	6	8	3	1	1	1	2	0	0

※シリーズものは初出年をあげた。絵葉書集も1点としている。

上表はこれを年号別に示したものであるが，1951年以降漸増の傾向にあり，59年を境にして急減する。これは単行本のみならず論文についても

いえ，58年の百家争鳴運動と，これにつづく整風運動によって研究が進まなかったと推定してよいように思われる。その後，いわゆるプロレタリア文化大革命と，ひきつづく四人組による専横時代を経て，ようやく，ここ数年の間に仏教に関する考古学の報告や論文が『考古』や『文物』に掲載されはじめたのは，現代中国の社会の世相を反映したものであろう。仏教，イスラム教，キリスト教などのように，中国以外でも多くの国家や地域にあって活動している宗教はともかく，儒教関係の論文などは皆目に等しい。儒教関係については紙幅の都合で省略せざるをえなかった。

2 仏教伝来の問題

中国の解放戦争と，その後の社会変化，とくに文革時期を通じて，多くの寺院が廃寺となり，建物も取り壊されたものが多い。とくに唐代末期以後の多くの磚塔がつぶされたので，今後の農耕作業などによって地下埋納物が発見されるものと予想される。ここでは中国における仏教開始の問題点についての考古学報告を紹介し私見を付け，渤海の寺院資料など[3]については機会を改めたい。

中国にいつ仏教が伝わり，仏像が造られたかという問題は，古くから諸説がある。漢の明帝（58～69年）以前にすでに中国に仏教が伝わったとする文献史料は10種[4]にものぼる。漢明帝永平8年（65）に明帝が夢に仏教を知ったという，いわゆる感夢求法伝説（漢明求法）である。これは金人が殿前に飛来する夢を明帝がみて使者を西域に遣わし，同10年に大月氏国から沙門迦葉摩騰，竺法蘭の両名が仏像，経巻を白馬につみ，洛陽にもち帰り，精舎を建てさせた。これを白馬寺といい，ここで『四十二章経』が訳出された。この伝説が信じがたいこと[5]は『四十二章経』と『法句経』との字句対照から漢以後の成立とされたので，この漢明求法も退けられる。

しかし漢末の桓霊時代（147～189）には中国に仏教が伝わっていたとしてよい。『後漢書』巻42の「楚王英伝」や桓帝のころの安世高，安玄などの記述があり，安世高は漢末には洛陽を去り，江南に行き，その禅学と訳経を江南にひろめた。『三国史』呉書「劉繇太史慈士燮伝」によると献帝（189～219）に徐州の牧，陶謙のもとにいた丹陽の人笮融が大いに浮図祠をおこし，仏教を興したという。ここに仏像がはっきりと文献に記述さ

れた民間の建寺造像記事の始まりである。この笮融，安世高の避難などはともに江南の徐州，彭城，下邳で，現在の江蘇省北部であることは，連雲港市孔望山に比較的近いことが注目される。

3 孔望山摩崖造像をめぐる問題

1981年3月の『光明日報』の特集記事につづき，『文物』第7期は特集といってもよいほどに孔望山摩崖造像に関する報告・論文を集めている[6]。孔望山は江蘇省北部の連雲港市海州にあり，東西長さ約700m，海抜129mの険しい岩山である。南からみた孔望山は双円墳状の岩山で東丘が大きくかつ高い。その南麓には竜洞庵があり，明代以来の題記が多い。やや低い西丘の西南端ちかくに摩崖造像がある。造像は東西約17m，高さ8mの岩壁上に合計105個の像がある。この部分の崖は高さ約20mある。

最高点のX68像を頂点として大きい二等辺三角形内にすべての像は配列されている。この105個の摩崖像とは別に，東70mに大形の石象があり東南に頭をむける。この石象の南約25mに饅頭型をした巨石があり，その上部には長さ75，幅25，深さ50cmの彫り込みがあり，碑座と考えられている。摩崖の南70mには蟾蜍を作りつけた巨石がある。これら合計108件の彫像のもつ題材については，『文物』に発表される以前81年4月8日に北京で学術討論会が催され，各種の見解があることが報告されている[7]。

105の造像は18群（組）にまとまる。105個の像と石象，石蟾蜍，碑の台石などが一連のものであるのか，その彫成年代，造像が仏教と道教に伴うものかなどが問題点であり，仏教彫刻とすればその様式論も問題となる。

俞偉超・信立祥両氏の論文は，造像の時代性について山東・江蘇地区の画像石との技法比較からすべて後漢の桓霊間とし，そのうちでは15，16，17，18各群の龕内の像がやや遅れるとする。蟾蜍は秦漢代に独立した品物として作成され，三国時代以降は中原地区ではみられないので，これも漢代のものとする。石象についてはその四肢の間が彫りぬかれていない点が漢代の丸彫石像の特色であるとし，象遣いの形態と，右手に鉤をもつ象遣いの図，つまり馴象図は後漢にしかみられないとする。脚もとの仰蓮が仏教に関わるものとする。経律異相の「行蓮花上白象」と関係するもの

孔望山摩崖造像の全体図（『文物』1981—7 に加筆）

群	像の番号	概　略
1	X1—X3	X2が施無畏印で，左手が衣をつかむ。頭髪は高肉髻につくる。
2	X4—X60	涅槃図。仰臥伸展像で，頭は高肉髻。この像に覆いかぶさるかの岩壁に計55個の老若男女の頭部が彫られている。
3	X61—X63	2群の岩壁の横にあり，X62—X63は頭部のみ。X61は高肉髻の頭をもつ。
4	X64—X65	X64は頭のみ。X65は目が深く高鼻で，身に一朶三蓮花をもつ供養人とされる。
5	X66—X67	非仏教の形態であるが，群中もっとも大きい立像。X67は従者か。
6	X68	最高所にある座像。非仏教の形態。
7	X69—X70	横臥伸展像（X69）と仰臥伸展像（X70）
8	X71—X75	X71は高肉髻で円光背をもつ立像。手はよく判らない。X72は頭部の側面像で，目が深く高鼻である。X73—X75は一組の像で，X74の左に舞人，右に何かをささげもつ人がいる。雑技か。
9	X76—X81	6体が独立している。X76は結跏趺座する。高肉髻。X77は西向きの座像。X78は西向きの頭像。
10	X82	舎身飼虎図。身長155cmのパンツのみを着けた男性が仰臥伸展する。この左腰あたりに長さ21cm，高さ10cmの石塊がとび出しており，浅く口，目風の線を彫る。見方によっては虎頭に似ており，これから本生故事の舎身飼虎図とする。
11	X83	側臥の裸体像。
12	X84	深い目，高鼻。
13	X85—X86	X85は中腰で，腿をがに股にひらく力士像で，二重瞼。タスキを胸で結ぶ。
14	X87	風化のため不鮮明。
15	X88—X92	最西端にある東西60cm，南北36cm，深さ8cmの龕内の像で，5体を線彫。高
16	X93—X95	肉髻で，円光背をもつものもある。東西67cm，高さ33cmの小龕内に垂幢があり，その内側に3体を線彫。X93は東向き，左衽の着衣。X94，X95は西向きで，X93と対峙するやや小さい像。東は題記用と思われるが，刻字はない。
17	X96	高さ40cm，幅30cm，深さ6cmの龕内に東向きの立像を刻む。
18	X97—X105	維摩道弁問答図。長さ110cm，高さ20cm，深さ3cmの長方形の龕内に10体を描く。左側に東向きの1体と2人の従者と三足案，その上に樽があり勺をおく。そして西向きの主人と2人の従者。東向きに話しあう4人を刻む。維摩道弁の問答図とも宴会図ともいう。
石象		体長4.8m，高さ2.6mの巨大な丸彫の像で，東側胴部に隷書で象石と刻み，この文字と前足との間に象遣いを浅い浮彫りにする。象の脚下には5個の半円形の線刻があり，仰弁蓮花という。象石の漢字は象の全身にある斜めの細かい平行刻線を削り取って刻字している。象遣いの像の部分には刻線はなく，少し高く残しているが，右手と刻線との状態からほぼ同時の作業であることが判る。巨大な転石を利用していると思われる。
石蟾蜍		石の露頭の突起を利用して刻んでいるが，頭部を失なう。前肢をたて，頭をたてる形態で，漢代の図像に多い四肢をひろげた蟾蜍を上方からみたものではなく，生気がある。
饅頭状巨石		高さ4m，直径3mの巨大な転石上面に碑石用と思われる掘り込みがある。『金石録』と『隷釈』にのせる熹平元年の『東海廟碑』の台座と推定される。

と閻文儒氏は考える。このように一群の造像物はすべて漢代のものとし，1組X2，2組，3組X61，4組X65，8組，9組X76，10組，13組X85，15組，象石が仏教と関係が深いものとする。X1，X68，X66などの像は道教に関するもので，X68，X66とX21の涅槃像下方に香炉または灯碗が彫られているので，これらが祭祀の対象物であったとし，結論的にいえば，「孔望山摩崖造像と立体的彫刻物は，後漢の桓霊之間の道教寺院——東海廟の祭壇上の供奉の神像とその付属建築の彫刻でなければならない」とする。そしてここに表現された仏教彫刻がガンダーラ様式ではなく，すべて中国の画像石の技法によっていることが特色で，北魏以降のガンダーラ様式のものとは違うことに，初期仏教芸術の特色があるともする。

従前，漢代の仏教遺物としては四川省楽山の麻浩崖墓の中室の楣石に彫られた施無畏印で円光背をいだく小形の彫像[8]と四川省彭山崖墓から出土した陶製座にやはり施無畏印をもつ座像があった。第三は山東沂南画像石墓にみる光背をもつ像，蓮花文などである[9]。楽山崖墓の像は楣石上にあり建築——享堂の装飾としてあり，棺を入れる奥室ではない。沂南画像石墓も多くの装飾文様の一部で，彭山のものは器物の台座にあり，仏像をこれも装飾物としていることには変わりない。

孔望山摩崖についてはいくつかの問題点がある。象石について言えば山東，河南，江蘇の画像石中の象の形象はおよそ象らしいものではない。これは象を見たことがなかったのではなく，彫刻技法の稚拙さとみるべきである。漢代には長江流域には象がいたのである。仏教と関係なく馴象されていたことは画像石にみられるところであるが[10]，三国時代には画像石がほとんどないので，三国時代に馴象があったかどうかは判らないが，馴象には鉤は必ず必要であった。画像石の象には額装りがなく，孔望山のものとは違う。インドにおいてはサンチ大塔の南門の装飾の象にすでに額飾りがある。南北朝になると，南斉書[11]などにみられるように白象が祥瑞としてあつかわれ捕獲もされており，この時代まで長江流域には自然象がいたのである。象石にみられる蓮弧状の線刻は仰蓮ではなく象足の指の表現とみるほうが自然であろう。象の巨大彫刻としては漢魏洛陽城の西北に象庄邑があり，象石があったが時代は判らない。

18組の維摩説法図はオーバハングの天井石に彫られており，よく見えない位置にある。28組の宴享図の相対面する座像の下に敷物，椅子などがなく，あるいは新しい形式か。もしいわゆる維摩説法図とすれば，涅槃像の近くに彫られていたほうがよい。礼拝用の香炉あるいは灯碗であるが，漢墓出土品，沂南画像石墓にみられる漢代の灯は台付のものが中心で，灯碗風のものはみかけない。この点も今後の検討材料であろう。

以上若干の私見をまじえて紹介したが，彫刻時代の決定，題材の検討に若干の問題点があるように思われる。本生故事と仏伝故事をもつとすれば，本格的な仏教思想の江南への伝播といえる。さきに記した文献史料からみる徐州周辺の初期仏教では両故事は完全に伝わっていたとはみられないので，楚王英の浮屠が金人に衣服を着したものであったらしいことはこの点を首肯させる。

孔望山の龍洞庵の発掘で東魏および西斉の幢・立像などがみつかっている。また徐州市内の興化寺の三丈仏と，これをとりまく南北朝の龕仏などは江蘇初期仏教を知るうえでの重要な資料であり，孔望山摩崖仏についても，今後さらに詳細な検討が望まれるといえよう。

今後の中国仏教考古学の出発点はともかくも従前の北朝系仏教のみならず，遺跡の少ない南朝系仏教，さらに孔望山に代表される漢代のそれについても検討する必要があり，その点孔望山の検討は研究の第一歩であるとみてまちがいない。

註
1) たとえば秋浦『鄂倫春族的発展』1980 など
2) 衛聚賢『中国考古学史』1936 など
3) 張太湘「大城子古城調査記」文物資料叢刊，4，1981
4) 黄杆華「後漢仏教」『中国仏教』1，1980 など
5) 呂澂『中国仏学源流略譜』1979 のとくに「四十二章経抄出的年代」の項
6) 連雲港市博物館「連雲港市孔望山摩崖造像調査報告」俞偉超・信立祥「孔望山摩崖造像的年代考」閻文儒「孔望山仏教造像的題材」連雲港市博物館「孔望山出土北朝造像」その他
7) 本刊記者「連雲港孔望山摩崖造像学術討論会在北京挙行」文物 1981—7
8) 聞宥『四川漢代画像選集』1955
9) 曽昭燏ほか『沂南古画像石墓発掘報告』1956
10) これらの例はすべて俞・信両氏の論文12頁にあげられている。
11) 一例をあげると『南斉書』巻十八志十一に永明十年「白象九頭見武昌」とある。

朝鮮の宗教考古学

九州大学助教授
■ 西谷　正
（にしたに・ただし）

朝鮮では三国時代において仏教，道教，儒教が並び行なわれた
が，高句麗の古墳壁画にはそれらが習合した形で認められる

1　櫛目文土器時代

　朝鮮半島では，櫛目文土器時代文化の遺跡調査が比較的進んでいるわりには，宗教の実態はよくわかっていない。わずかに，咸鏡北道の農圃洞遺跡[1]において，イヌの頭部を模造した土製品と，トリを模した滑石製品が知られる。これらは，単なる装飾品というよりも，魔術的意味をもつもので，狩猟犬としてのイヌ，あるいは狩猟の対象としてのトリを表現し，狩猟のよりよき成果を願っての「護身符」のようなものといえよう。これらは，狩猟や漁撈を生業の主体とする採集経済段階の自然崇拝と関連するものであろう。農圃洞遺跡では，人形をした土偶が注目されるが，腰がせばまり細くなってから，その下が出っぱっていることからみると，女性を表現したとも受けとれる。もしそうだとすると，日本の土偶に比べられ，繁殖を祈る地母神信仰の存在を示すものとして興味深い。慶尚南道の東三洞遺跡では，イタヤ貝製の貝面が出土している。これは，大きさからみて，子供用と思われるが，熊本県阿高貝塚出土の縄文時代中期のイタボガキ貝殻の同種の製品を想起させる。また，最近になって，江原道鰲山里遺跡において，土製の顔面が出土して注目された。

　この時期の葬制は，おそらく一般的には土壙墓であったと推測されるが，調査例がほとんどない。京畿道矢島遺跡では，小形の積石塚が調査された。同種のものは，東三洞遺跡でも知られる。いまのところ，積石塚は，朝鮮半島の南部に限られているが，いわば手厚い埋葬法といえ，死後の世界観がある程度，形成されつつあったことを示すものであろう。

2　無文土器時代

　無文土器時代に入ると，主要な生産部門が農業となり，生産経済へと移行する。したがって，生業に係わる宗教形態も大きく変貌したと思われる。朝鮮半島南部の例であるが，忠清南道大田付近出土と伝える，防牌形農耕文青銅器[2]の意味するところは大きい。この青銅器の一面の右半分には，中央に 10 条の横線で表わした方形の畑があり，それを挟んで，上下には，二叉の踏みスキとクワを振り上げて，それぞれ耕作する人物がいる。これはまさに春の播種時の耕作を示すものである。この場面の左側半分には，もう一人の人物が，斜格子文で飾られた細頸壺に向って，何かを入れようとしているかのように，手を前に差し出している状況が描写されている。この状況は，あたかも秋の収穫を表現するかのようである。そして，他の一面には，左右の二つの空間に，それぞれ木の枝にとまったトリが表現されている。ここで想起されるのは，『三国志』魏書馬韓伝の記事である。すなわち，毎年，春５月の播種時と秋10月の収穫時に，鬼神という_いわば農業神を祭るが，そこで執行された農耕儀礼の様子は，中国の鐸舞のようであったという。そこで推測を逞しくすれば，上記のような播種と収穫を示す農耕文は，春・秋の２度に行なわれた祭儀を示し，五穀農穣と，その感謝の祈願を，現世と天界を結ぶトリに託したものではないかと思われる。そしてまた，この青銅器は，そうした祭儀が行なわれた祭場に懸垂された儀器ではなかったろうか。

　実際に行なわれた祭儀が中国の鐸舞に似たところがあったという点に関して，朝鮮半島出土の小銅鐸は銅鈴として興味深い。小銅鐸は，おそらく「鐸舞」の際に，人びとが腰につけたか，それとも枝に吊して，音響効果を発揮し，祭儀のボルテージを盛り上げたことであったろう。そうした儀礼を実際に主宰したのは，「韓伝」にみえる「天君」であり，鬼神を信仰し，天神を祭る人物は，シャーマンとしての司祭者であり，また，共同体の首長であったろう。さきの農耕文青銅器に表現されたトリにあたるものは，大阪府池上遺跡で弥生時代中期に，木製として現われており，また，小銅鐸は，大分県別府遺跡で，弥生時代終末期に投棄された状態で出土している。これらの断片的資

慶尚南道盤亀台の岩壁画　10余種50頭余りの動物が刻まれている

料も，朝鮮半島から伝来した稲作農業と，その文化複合体の一つとして位置づけられよう。

農業の定着化とともに，動物の飼育は，櫛目文土器時代に比して相対的に増大した。家畜のなかでは，ブタがもっとも多い。ブタの多産を祈ってか，咸鏡北道虎ノ谷遺跡出土[3]のブタの彫塑品は興味深く，一種の原始信仰といえよう。無文土器時代には依然として狩猟の占める割合の方が大きかったことも事実である。かえって，種的構成では，毛皮動物が増えるなど豊富にさえなっている。この点に関連して，慶尚南道盤亀台の岩壁画[4]は注目されよう。ここでは，高さ2m，幅7mの岩壁に，10余種50頭余りの動物群が刻まれている。サメがもっとも多く，イルカあるいはクジラなどの海棲獣類のほか，イヌ・キツネ・トラ・イノシシ・シカ・ヒョウ等々である。このことは，狩猟の対象物を表現し，その大猟を願う類感呪術に相当するものであろう。

無文土器時代の埋葬は，前代に比して，飛躍的に内容が充実してくる。基本的には，土壙墓が大多数を占めようが，支石墓・石室墓・木棺墓・箱式石棺墓・甕棺墓・配石墓・積石塚など，地域や年代を異にして実に多様である。なかには，石製あるいは金属製の武器などの副葬品を伴い，玉製の装身具をまとった被葬者がいる。その分布状況などから，地域的国家の首長墓と考えられるものがある。その場合，死後の世界へも王者としてのステイタスをもちこもうとするものであり，死後の世界観が一段と深化し，それに相応しい埋葬儀礼が行なわれたことが推測される。その点では，北部九州の弥生時代中期から後期に，中国鏡などを副葬する，王墓クラスの甕棺墓と対比されよう。この時期の墳墓のうち，支石墓は，一種の巨石信仰ともいえる。支石墓とならんで，立石もこの時期のものと思われ，ともに，巨石に宿る超越的な存在に対する何らかの信仰があったものと考えられる。

3　原三国時代

原三国時代の宗教は，基本的には，無文土器時代の延長線上で理解できよう。さきの「韓伝」にみえる農耕儀礼は，まさにこのころのことを意味する。また，ブタの土製品も，朝鮮半島北部の虎ノ谷遺跡で数多く出土した。虎ノ谷遺跡はまた，マンシュウジカなどの肩甲骨を使った卜骨の，朝鮮半島で最初の出土地として注目される。朝鮮半島南部の金海市府院洞遺跡[5]は，東三洞朝島例についで，卜骨の第3番目の出土地に数えられる。府院洞遺跡から出土した卜骨は，シカやイノシシの肩甲骨を使ったものである。卜占については，その具体的内容が「魏志倭人伝」に記載されており，また，ほぼ同時期にあたる弥生時代後期前半ごろの遺例が，壱岐島のカラカミと原ノ辻の両遺跡で，シカとイノシシの肩甲骨を使った卜骨が出土している。卜骨に関連する骨器に，彫骨がある。彫骨は，朝鮮半島では，南部の慶尚南道の南岸地域で，原三国時代の貝塚を伴う遺跡群の貝塚で出土している。日本では，弥生時代に，名古屋市の

熱田貝塚や奈良県の唐古遺跡などで知られる。ともに同種の遺物として，呪術性の高いものである。

4 三国時代

三国時代では，それ以前からのいわば固有信仰に加えて，まったく新しい宗教が外部から受容される。たとえば，『三国志』魏書高句麗伝では，涓奴部は，もと国王を出したことから宗廟・霊星・社稷を祀ることができるとする。『三国史記』高句麗本紀をみても，建国の地，卒本にあった始祖廟参拝の記事が頻繁にでてくる。そうしたもろもろの祭祀の遺構は明らかでない。ただ，高句麗中期の国内城，現在の集安県東拾子遺跡[6]の建築遺構は，4棟の建物とそれらを結ぶ回廊などが検出されたが，何らかの祭祀の機能が考えられなくもない。

百済では，始祖の温祚王が，高句麗の始祖朱蒙を父とするところから，即位元年（B.C. 18）に東明王廟を建てたことを，『三国史記』百済本紀は伝える。また，多婁王の条では，始祖廟の参拝と，南壇で天地を祀ったとあるが，その後も，とくに前半期には宗廟と社稷の祭祀記事はしばしばみえる。新羅でも同様に，始祖廟参拝がたびたび行なわれているので，そうした遺構や遺物の考古学的な追求が必要となってこよう。始祖廟祭祀と関連して，陵墓に葬られた墓主の霊魂が安住すると考えられた寝殿，もしくは，墓主を祭るための宗廟が問題となる。寝殿については，集安の将軍塚で，墳頂部に享堂が建っていたという試みが行なわれている。また，太王陵では，陵園内で，方墳の前方にあたる建築跡が，寝殿もしくは宗廟である可能性が疑問点として残る。

さて，三国時代の顕著な宗教としては，仏教がある。『三国史記』や『三国遺事』ばかりでなく，考古学的資料からも，三国に仏教が国家的レベルで信仰されたことがわかる。朝鮮半島で最初に仏教が受容されたのは高句麗で，小獣林王2年（372）のことである。戦乱にあけくれた高句麗の王・貴族層は，積極的に仏教に精神的安らぎを求め，信仰を深めていったと思われる。小獣林王は，首都の国内城に肖門寺や伊弗蘭寺を，また，広開土王は，平壌に九寺を建てているが，その寺院跡の実態は不明である。高句麗における仏教に関する考古学的資料としては，王・貴族層の奥津城である壁画古墳の題材のなかに，仏教的要素が認められることが，早くから指摘されてきた[7]。大安市の徳興里古墳は，永楽18年（408）に埋葬された鎮という人物の墳墓であるが，鎮は釈加文仏弟子すなわち釈迦牟尼仏弟子であり，そのころ弥勒信仰が行なわれていたことをうかがわせる[8]。

高句麗について，百済では，枕流王元年（384）に東晋から仏教が伝来した。枕流王の2年には，首都の漢山（ソウル）に仏寺を創建している。もとより，その遺構は明らかではないが，ソウル市内出土の軒丸瓦や金銅仏坐像はそれと無縁ではなかろう。百済の中期から後期へ，つまり，首都が熊津（公州）から泗沘（扶余）へと遷都する過程で，仏教が隆盛期を迎えた。ことに，日本の飛鳥仏教が当時の百済と日本の友好関係のなかで，百済から伝来したことは『日本書紀』崇峻天皇元年（588）紀が伝えるところである。果して，百済から日本に渡来した4人の瓦博士の伝承を裏づけるように，飛鳥寺所要の屋瓦が，百済直系のものである。ただ，飛鳥寺にみるような一塔三金堂式伽藍配置は，いまのところ高句麗・新羅にしかみられないこともよく知られるところである。百済の墳墓でも，仏教的要素が認められる。百済中期の武寧王陵は，蓮華文様が多用されるほか，出土文物のほとんどは，観無量寿経の極楽世界・蓮華世界を集約，造形化したもの[9]といわれる。墓室内の蓮華文は，百済後期の王陵級の墳墓である陵山里2号墳でも，四壁に四神を描いた墓室の天井に雲文とともに描かれている。日本では，岡山県本坊山古墳の切妻式陶棺に軒丸瓦の瓦当文である蓮華文で飾る例や，奈良県水泥古墳の家形石棺の棺蓋縄掛突起に蓮華文を彫刻するといったかたちで関連づけられよう。

三国のうちでもっとも遅れて，新羅では，すでに5世紀のころ，高句麗から入っていた仏教が，法興王15年（528）に公認されたことを契機として，私的なものから国家的な規模へと隆盛に向った。まもなく興輪寺や永興寺が創建されたほか，首都慶州には続々と寺院の建立が相ついだ。わけても，真興王14年（553）に王命によって着手されてから，92年もの永い歳月を要した皇龍寺の建設は，鎮護国家の象徴として，新羅仏教の繁栄を物語る。この間，注意しておきたいのは，法興王の薨去（540）に際し，哀公寺の北の峯に埋葬されるなど，6世紀の中ごろ以後，しばしば王陵付

属の寺院が散見することである。この概念は，高句麗後期の首都平壌付近にあり，5世紀前半の古墳である，伝東明王陵と，そこに葬られた人物の追福のための「定陵寺」が建てられたことに源を発するようである。さらに日本でも，大阪府太子町にある，聖徳太子の磯長墓と，その前方に建てられた叡福寺との関係に通じる。

仏教とならんで，道教と儒教の問題がある。高句麗では，これら三教がともに行なわれたことは，『三国史記』や『三国遺事』にみえるところであるが，さきの高句麗の徳興里古墳壁画には，それらの諸宗教が重層し，習合していることが指摘される[10]。すなわち，そこでは，玉女・仙人の像とそれを明記した墨書銘がある。神仙の世界を表現する描写は，これまでにも，いくつかの高句麗の壁画古墳では知られていた。また，墨書銘のなかには，「周公相地，孔子擇日」といった儒教的要素も認められる。『三国史記』では，すでに小獣林王2年（372）に，「立大学，教育子弟」とあり，そこで儒教の経籍がテキストに使われていた可能性がある。百済における道教思想は，武寧王陵の買地券に示される。つまり，墓地を土地神から買うという儀礼をもって，神の保護を祈っている。日本の買地券は，8世紀以後のものである。

三国時代の新羅古墳では，特有の遺物が目につく。なかでも，種々の器物，動物，そして，人物などを模造した土製品がある。いずれも片手で持てる程度の小形品であるが，単独の土製品と，土器などに装飾的につけ加えられたものとがある。器物をかたどったものには，家屋・車・舟，動物のそれには，ブタ・ウマ・イヌ・シカ・ウサギ・サル・トラ・カメ・トリ・カモ・ニワトリ・カニ・カエル・ヘビのほか，魚類まで実に種類が多い。人物像には，騎馬・奏楽・性愛などの動作を示すものが含まれる。これらは，葬送・祈雨・豊穣・多産等々の儀礼に伴う明器と考えられ，日本の古墳出土の埴輪に対比されるとともに，なかには，加耶を経由して，そのまま日本の古墳文化のなかに伝来したものもあったろう。百済や新羅の古墳出土の鳥形ないし鳥翼形冠飾は，実用の冠飾ではなく，容器や馬具と同じように，儀礼的な意図で埋葬されたもので，鳥類崇拝思想からくる葬送儀礼の痕跡とみる考え方は，北方のシャーマニズムにつながるものであろう[11]。同じく，新羅の馬刻文土製品や加耶の騎馬武人像土器を通じて，被葬者の霊魂を冥界に運ぶという神馬信仰の所産として位置づけ，北方文化に源流を求められている[12]。これらは，さらに日本の装飾古墳中の馬や鳥の図柄を考えるのに示唆的である。

なお，三国時代の加耶では，金海市府院洞遺跡において，興味深い遺物群，すなわち，滑石製有孔円板，土製勾玉，馬形土製品，男根形土製品などが出土している。いずれも貝塚からの出土であるため，儀礼の内容にまで具体的にふれることはできないが，何らかの祭具であることはまちがいない。ことに，滑石製有孔円板，土製勾玉や馬形土製品は，同じ5世紀代に，日本の祭祀遺跡で出土するものと共通性を示す遺物である。男根形土製品は，長さ6cm余りで，土器の把手もしくは土偶のような何かに付着していたものといわれる。土偶だとすると，大きさはちがうが，日本の古墳出土の男根を表現した人物埴輪を連想させる。

統一新羅・高麗・朝鮮の各時代に関しても概観しなければならないが，すでに紙数がつきたので，別の機会にゆずることにする。

註
1) 都宥浩『朝鮮原始考古学』1960
2) 韓炳三「先史時代農耕文青銅器について」考古美術，112，1971
3) 黄基徳「茂山虎ノ谷遺跡発掘報告」考古民俗論文集，6，1975
4) 国分直一「韓国考古小記」古代文化，25-6，1973
5) 沈奉謹『金海府院洞遺蹟』東亜大学校博物館古蹟調査報告，5，1981
6) 吉林省博物館「吉林輯安高句麗建築遺址的清理」考古，1961-1，1961
7) 金元龍「高句麗古墳壁画における仏教的要素」白性郁博士頌寿記念仏教学論文集，1959
8) 田村圓澄『古代朝鮮仏教と日本仏教』1980
9) 史在東「武寧王陵文物の叙事的構造」百済研究，12，1981
10) 上田正昭「高句麗文化の内実」日本のなかの朝鮮文化，48，1980
11) 秦弘燮「百済・新羅の冠帽・冠飾に関する二，三の問題」史学志，7，1973
12) 李殷昌「新羅馬刻文土製品と伽耶鎧馬武人像土器—古代韓国人の騎馬風習と神馬思想に関連して—」新羅伽耶文化，11，1980

〔追記〕脱稿後，先史時代の人形偶像を取り上げ，氏族・種族の守護神・祖先神として位置づけた好論文に接した。金元龍「韓国先史時代の神像について」歴史学報，94・95，1982

奈良時代の特殊な墳墓 大阪府伽山遺跡

伽山遺跡調査地航空写真

伽山遺跡は大阪府の南部の南河内郡太子町に所在する弥生時代から中世にわたる複合遺跡である。昭和57年3月、大阪府教育委員会が府道設置に伴って発掘調査を実施した結果、弥生時代および古墳時代の住居址とともに、純銀製の銙帯を伴う奈良時代の一種の木炭詰石室とも呼称すべき特殊な墳墓が検出され、にわかに注目をあびることとなった。

伽山墳墓木棺検出状況

構成／山本　彰
写真提供／大阪府教育委員会

大阪府伽山遺跡

伽山墳墓遺物出土状況

出土銙帯

鉸具

巡方

鉈尾

丸鞆

武蔵国分寺址

天平時代の仏像が出土した

調査地の全景（東から）

武蔵国分寺址は、僧寺金堂心を中心として東西約8町、南北約5町を寺地としたものと推定されている。最近の国府国分寺関連遺跡の調査で検出された南北に延びる道路状遺構の延長線を調査したところ、カラー口絵4に紹介したような仏像が発見された。この道路状遺構は東西約16mで、浅い数条の溝状のものも現われたが、その性質は明らかでない。僧寺金堂心より西南西約250mの地点である。仏像は現地表下約60cmに発見されたが、伴出遺物もなく、出土地周辺の土層に何の変化もなかった。

仏像出土状態（東から）

構　成／滝口　宏
写真提供／武蔵国分寺遺跡調査会

仏像出土状態（東から）

上総国分寺址
仏像鋳造址が発見された

鋳造址全景（下2つの矢印）　左側の矢印から鋳型片が出土した。左上の矢印は炭窯址。鋳造址を壊している竪穴住居址は9世紀中頃のものである

上総国分寺址では市原市教育委員会によって、国分寺址の存する台上の全面調査が行なわれているが、最近になって尼寺址寺地の北部から鋳造址2基が近接して発見された。2基は高さが多少異なっており、低い方は径1.5mの円形土壙状で、高い方は9世紀の住居址によってその大半が破壊されていた。銅滓、鋳型と思われる土製品は双方から出土しているが、ことに明瞭なものは低い方から出ていることから、上方を溶解炉、下方を鋳型を据えて鋳造した場所と考えてもよかろう。

構　成／滝口　宏
写真提供／市原市国分寺台埋蔵文化財調査会

鋳型片　大きさ9×7cm、厚さ3.5〜2cm

鋳造址の近景
右側の遺構から鋳型片が出土した

● 最近の発掘から

奈良時代の特殊な墳墓——大阪府太子町伽山遺跡

山本　彰　大阪府教育委員会

1　はじめに

　伽山遺跡は，大阪府の南東部に位置する南河内郡太子町に所在する遺跡で，府道富田林・太子線に伴う試掘調査により近年確認された遺跡で，東西300m，南北200mの規模を有している。

　これまでの調査では，旧石器時代から室町時代にわたる複合遺跡であることが知られており，このうち昭和55年度の第1次調査では，7世紀代の掘立柱建物16棟，室町時代の井戸などが検出されており，今回報告する第2次調査では，弥生時代後期の竪穴住居址10軒，古墳時代中期の竪穴住居址7軒，まわりに柵列をもつ平安時代の掘立柱建物1棟，その他時期の明確でない掘立柱建物とともに，純銀性の鋳帯を伴った奈良時代の一種の木炭詰石室とも呼称すべき特殊な墳墓が検出され，考古学界のみでなく広く一般の注目をあびることとなった。

　以上のように伽山遺跡の調査成果には多大なものがあるが，その成果については，大阪府教育委員会から『伽山遺跡発掘調査概要・Ⅱ』として昭和57年3月に公表したが，ここでは，奈良時代の特殊な墳墓に限りその概要を報告することとする。

2　伽山遺跡周辺の環境

　伽山遺跡の所在する大阪府南河内郡太子町内には，7世紀代の皇陵が多数存在するいわゆる磯長谷と呼称される地域にあたっており，周辺の遺跡に眼をむけると南方約400mには，天皇陵では最後の前方後円墳として知られる敏達天皇陵古墳が存在し，北方約600mには，切石の横穴式石室として著名な聖徳太子墓，東方には，用明天皇陵古墳，推古天皇陵古墳，孝徳天皇陵古墳，小野妹子墓などが存在している。

　また北方には古代より難波と大和を結ぶ竹の内街道が東西に走っており，南方の丘陵部には200基以上で構成される古墳時代後期の横穴式石室で構成され，出土遺物から渡来人との関連がうかがえる一須賀古墳群が存在している。また本地域には皇陵とともに多数の終末期古墳が存在しており，伽山遺跡周辺の歴史的景観を形成している。

3　伽山墳墓の調査

　墳丘　墳丘は後世の攪乱および造成によりその大半は削平され失われている。このことがこの地に長く墳墓の存在することを忘れさせた第一の要因であるが，わずかに主体部の北側部分において版築による盛土が認められた。墳丘の規模については明らかでないが，トレンチからの所見によると，まず地山整形を行ない墳丘を削り出し，石槨を構築した後，版築による盛土を施したものと考えられる。なお，墳丘の後背は江戸時代の水溜状遺構のため攪乱が著しいが，周辺地形を参考にすると終末期古墳特有の山寄せ立地であることがわかる。

　主体部の構造　内部主体のうち東半部は後世の攪乱をうけているが，基本的には木棺墓で，周囲に凝灰岩の切石で石槨を構成しており，石槨をすえ，わずかに木炭を敷き，木棺を置いた後，石槨内に木炭をつめこんでいた。石槨は，東西に主軸をおくもので，東壁は攪乱のため失われていたが，復元した内法は長さ2.65m，幅1.63mをはかり，北壁5枚，西壁3枚，南壁はもともと5枚あったと考えられるが現状で2枚の切石が確認できた。各切石は基本的には，幅・高さとも60cm（2尺）前後をはかるが，西壁の南端の石材のみは幅約45cm（1.5尺）と小型である。またこれらの石材の厚みは約15cmをはかり，寺院の基壇の化粧石を連想させる。この石槨は底石の存在しないもので，凝灰岩の砕石を約10cmの厚さで敷きつめていた。

　木棺はすでにくちはてていたが，鉄釘の出土状況からみて板材を組み合せた木棺に属するもので，その遺存状況からみて棺底板の上に長側板と短側板がのり，短側板と長側板の接合については，両材を互いに欠いて組み合せる相欠きの技法が使用されていることも判明した。鉄釘の出土状況からみると棺幅は約60cmをはかること，棺材の厚みは鉄釘に付着した木質から3cm前後と推定できる。棺蓋は外法が棺身より大きく，上方からかぶせた形式で，棺蓋も刳りぬいたものではなく，組み合せによるもので，下方から釘を打ち上方を折り曲げたものであることが判明した。また棺底から打ちつけた釘のみ座金が認められた。

　床面の柱穴　棺の納置後は先にもみたように木炭がつめられていたが，その上面の土層の堆積状況からみて天井石の存在した可能性はない。この点が他の終末期古墳と大きく異なる点であるが，石槨内の木炭をすべて除去した後，床面の四隅に直径約20cm，深さ約10cmの

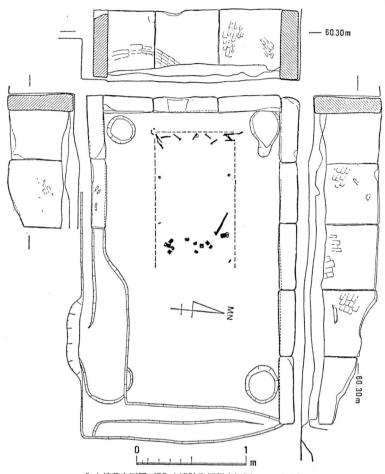
伽山墳墓実測図(『伽山遺跡発掘調査概要・Ⅱ』より)

柱穴が確認できた。調査時の観察からは木炭をつめた段階ではこの柱穴はその役目をはたしていなかったと考えられる。それは木棺の痕跡は炭層の中で確認されたのに対して、柱穴は木炭中では確認されなかったことがその理由であるが、墳丘完成以前に覆屋構造を持つ何らかの施設がこの地にあったことは疑いなく、葬送儀礼の問題を考える上に興味深い。

出土遺物 出土遺物は、一連の銀銙帯および刀子のみで、すべて被葬者の着装品として位置づけられるもので、明器としての副葬品は存在しない。銀銙帯の内訳は、バックル部分の鉸具1点、巡方4点、丸鞆6点、鉈尾1点の計12点で、すべて原位置を保っている。巡方、丸鞆、鉈尾のつくりは、表面と側面の鋳型をつくって流し込み、別につくった裏面で革帯をはさみ、鋳出しの鋲により装着したものと考えられる。また巡方、丸鞆の表面には、いずれも垂飾りのための長方形の透し孔が存在している。鉸具は、C字形の外枠を持ち、基部を中央で折り返すことによって軸棒と刺金をつけている。

なお、現状では革帯は腐蝕してその痕跡をとどめないが、順序を検討すると、鉸具の次に丸鞆1、巡方2、丸

鞆4、巡方2、丸鞆1、そして最後に鉈尾というように復元できる。銙帯の寸法は、鉸具が縦3.7cm、横7.1cm、巡方が縦3.4cm、横3.6cm、丸鞆は縦2.6cm、横3.5cm、鉈尾が縦3.7cm、横5.0cmをはかる。

刀子は全長約21cmで、うち把部の長さ7.5cmをはかるが、レントゲン撮影によると、把頭には花形の鈴が付着している。鞘および把部の木質もよく残存しており、表面には黒漆が塗られている。

墳墓の年代 墳墓の年代については、土器類の出土がないことから考古学的にその年代を与えることは困難であるが、その際には出土銙帯が参考になる。

『日本後紀』延暦15年12月条および、同弘仁1年9月条によれば、金属帯は707年から796年、807年から810年という約1世紀にわたって使用されたとあるが、石槨の構造および凝灰岩の使用が終末期古墳に類似することから、8世紀初頭から8世紀前半の年代を推定することが可能である。

被葬者 被葬者については墓誌の出土がないため判然としないが、「衣服令」によれば、王、親王および諸臣一位から五位までが金銀装腰帯使用としていることから、かなり上級の人物がうかびあがってくるが断定はできない。被葬者の割り出しは、今後の課題となるが、そのイメージは奈良の都で大活躍した人物に間違いないと考えているが、被葬者像を考えるにあたっては、まず第1に磯長谷に葬られる必然性を考える必要があろう。ちなみに8世紀代に、この地周辺において居住していた氏族には石川氏があげられるが、被葬者像も含めて今後の課題となろう。

最後に本墳墓検出の意義についてのべると、この種の**墳墓**構造はこれまでに類例もなく、わが国ではじめて検出されたものであり、考古学上新たに墳墓形式が一例加わったということにつきる。

また、出土遺物である銀銙帯についてみると、純銀性の銙帯はこれまで類例が乏しく、かつ一連分が出土し、伝世品に頼らず考古学的にその配列が確認されたことはひとり考古学上の成果のみに留まらず、服飾史研究の上にも重要な資料を提示したことになろう。

● 最近の発掘から

仏像と仏像鋳造址——武蔵国分寺址・上総国分寺址

滝 口 　宏　早稲田大学名誉教授

1　武蔵国分寺址の調査

武蔵国分寺址は，僧寺金堂心を中心として東西約8町，南北約5町を寺地としたものと推察される。その中央から東にかけて一辺約3町半の不正四角形（北辺台上の地形による）の地域が僧寺伽藍地であり，寺地の西南隅に1町半ほどの区画をつくり尼寺を置いたものと思ってよいであろう。

現府中市大国魂神社付近にあったと推察される国衙からみれば，北1.8kmほどを隔てて丘陵を背にし，一部その丘陵上をも利用した国分二寺の伽藍が建物群の構成美を誇って異様なまでの偉観を呈していたものであったろう。

最近この府中市側の国府国分寺関連遺跡の調査で南北に延びる道路状遺構が検出されたのを機に，その北への延長が寺地内の僧尼寺址を東西に分けるものと判断し，その調査にかかった。この推定道路は尼寺址の東側を通るので調査可能の土地を求め，尼寺址東北の東西約50mの地を掘った。

竪穴が重複分を併せて7ほどと予想した道路状遺構が出た。ただ府中分で明らかになった側溝を伴うものより幅が広く，東西約16m，硬く締った層は上面を耕作のために荒らされ平坦ではなく，しかも上下2層の硬い層（厚さ5〜20cmで明瞭に2期に分けられるとはいえない）が出，さらに浅い溝状のもの計6条が現われた。溝は南北に道路状のものと同方向であり，いずれも堅い面より後のものであるが，性質は明らかでなく，引き続いて調査を進めている。僧寺金堂心より西南西約250mである。

仏像は，以上の調査中に3月2日，道路状の堅い面を薄く剝がして発見された。現地表下約60cm，耕作などによる損傷は全くなく，頭部を西南に向け，うつぶせになりほぼ水平位であった。伴出のものもなく，仏像の周囲の土層にも何の変化もなかった。

以上は発見者の手記によるものであるが，この報を受けて坂詰秀一氏，久野健氏が同所に赴き，筆者も後に現場を実見した。以下は，久野氏の所見に基づいて筆者が駄足を付したものである。ただし，像は火中しているため，泥土など付着したまま久野氏の好意により国立文化財研究所に処理を依頼してあるので，表面上の観察にとどまる。

2　出土仏像について

仏像は，像高28.3cm，蓮弁の一部残存するものを含めて30cmである。焼痕は正面下半身膝上と背面上半身背の部分に著しく，木材か高度に熱せられた泥土がこれらの部分に当って傷つけたものと思う。仏身は左肘より先と右手指が失なわれ，天衣は両腕から垂れた部分が左右とも折損し失なわれていた。台座もその大部分を欠いている。

面相は，ふくよかな丸顔であるが，口を小さく表現したためか顎がいくらか長めになっている。口唇は両端をやや上げてほほえみを持たせており，これらがお顔全体を童顔にみせている。耳は上部がいくらか前傾し垂直ではない。髪毛の先端が一筋耳の中央下を横切るように後に伸び，耳のうしろに肩にかかる垂髪がみられる。宝冠は三面立飾りで，中央の立飾りに化仏がかすかに残っている。髻はゆるく後に傾いている。

肩はなで肩であるが幅広で胴を細く締め，腰を前方に張り出す。脚は重心を右脚におき，左脚は関節部を心もち前に出し，したがって左足裏はやや浮いて遊足になっている。右手は肘を屈げて前方に出し掌を下に向けている。左手は先端部を欠いているが肘から下はやや前に出している。

仏身は，腰に裳をつけ，胸部以下を瓔珞で飾っている。ことに背面腰から膝下まで垂下するものなど背面観についての意識も強い。久野氏もいうように，これら華麗な瓔珞の形式は中国の北斉，北周，隋の菩薩像に多く見られる特徴である。正面の天衣が腹部でX型に交叉していることもこの像の年代を語るものといえよう。

以上述べた特徴からみて，本像の製作年代は7世紀末から8世紀前半と見てよいであろう。これは年代的には重大な意味をもつもので，天平13年は741年であるから，本像の製作は国分寺造立当初のものか，場合によってはそれ以前であったかも知れない。

天平12年9月3日，不満を持つ藤原広嗣の挙兵に当って，『続紀』によれば15日，

巳亥，四畿内七道諸国に勅していわく，このごろ筑紫の境による不軌の臣あり，軍に命じて討伐す。願わくば聖祐によって百姓を安ぜられんと欲す。故に今国別に観世音菩薩像台軀高七尺なるものを造り，並びに観世音経一十巻を写さしむ。

とある。叔母である光明皇后のなげきが身に沁みるようにわかる一文である。尼寺併置を皇后の意志であると筆者は考えているが，その尼寺は観世音菩薩に拠って建っている。土中出現の菩薩像がそれであると言っているのではない。高さ1尺ほどであるから余りに小さすぎるが，強いていえば尼僧の信仰を考えてもよいであろう。造像の時期が国分尼寺建立に先立つものであるとすれば牽強付会になる。

この像は火災後，他の器物とともに拾い出され，持ち運びの途中で包みから落ち泥土にまみれて忘れ去られたものとみてよかろう。

3 上総国分寺址の調査

上総国分寺址は筆者が昭和初期からしばしば小調査を重ねてきた遺跡の一つである。昭和23年夏，尼寺金堂址を確認しその後も調査をしていたが，10年前，市原市の方針により国分寺址の存する台上に新市街地を建設することになり，台上の全面調査が今実施されている。僧尼寺址を林野の中にとどめているので惜しいのであったが，時の流れにはやむを得ないものがあった。

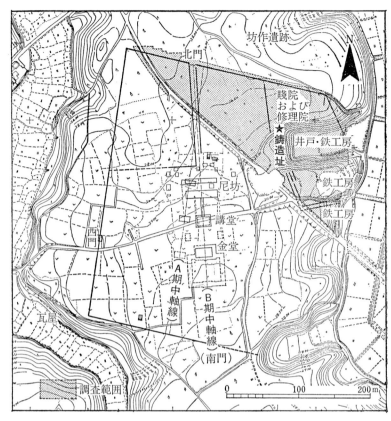

上総国分尼寺址全体図　星印が鋳造址検出位置

その尼寺址一帯の調査には主として宮本敬一君が当りすでに報告，小論も出しているので（団報告書，『月刊歴史教育』30～32号），それらによって紹介したい。

尼寺址寺地の北部からは多くの掘立柱建物群と竪穴住居群の遺址が発見されているが，東から小さく入る谷地に面する丘陵端（金堂の西北200m）で鋳造址が検出された。遺址は2基近接し多少高さが異なる。低い方は径1.5mの円形土壙状で，高い方も同様の本体に張り出しを東側にもつものと思われるが，9世紀中頃の竪穴住居址で大半が破壊されている。銅滓，鋳型と思われる土製品は双方から出土し，ことに坩堝と明瞭な鋳型は低い方から出た。宮本君はこれを「上方が溶解炉で下方に鋳型を据えて鋳造していたという想定も可能であろう」としている。

図示するように，鋳造址の東南低地には井戸も掘られ，周囲を瓦敷きにしていた。斜面に炭窯もあったが，この一帯が銅鉄の鋳造所，修理所として選地されたことは寺地全般から見て当を得たものであった。

4 仏像と鋳造址

諸国国分寺の本尊が丈六仏であったとするなら，その多くは工人の派遣などによる現地造像であったろう。各地の寺院址で発見される小仏像のあるものは中央から持来したものであろうが，例えば国分寺に先行すると思われる下総竜角寺本尊薬師仏などは現地鋳造と思うし，その場所もおおよそ推測できる。瓦窯が数多く発見されているのに較べて金属製品の製造址の発見例が少ないのは，製作量の問題もあるが，今後の調査で留意すべきである。

武蔵の仏像は，あるいは国分寺以前とも考えられ，また現地鋳造であるのかも知れない。上総例は尼寺寺地内に鋳造所がおかれていたことも特筆されるものである。

〔追記〕『美術研究』第321号の久野健氏の報文によれば，武蔵像の馬淵久夫氏（東京国立文化財研究所化学研究室長）の分析の結果は，この銅は青銅ではなく純銅に近く，その中に含まれている微量の鉛の分析の結果は，日本の銅である可能性が強いということであり，「若しこの推定があたっていれば，わが国で銅の採掘が行われ始めたごく初期のものということができよう」と結んでおられる。

連載講座
古墳時代史
2. 祭祀と王権

県立橿原考古学研究所研究部長
石野博信
（いしの・ひろのぶ）

　祭祀とは「かみまつり」である。したがって，「葬送祭祀」といえば，葬送が「かみまつり」であることを主張していることになる。言いかえれば，被葬者が「かみ」である段階の葬送である。現代の葬式における被葬者は「かみ」ではない。いつから被葬者が「かみ」でなくなったのか。いつ被葬者が「かみ」であったのか。結論的に言えば，古墳時代前・中期の被葬者は「かみ」であり，古墳時代とは被葬者を「かみ」として祭った時代である。

　古墳時代には様々な「かみまつり」が行なわれていたものと思われる。山の神，海の神，水の神，天の神，地の神……，様々な神を様々な機会にまつりあげたのであろう。豊穣を祈るとき，安全を祈るとき，雨を乞うとき……。「苦しいときの神だのみ」は古墳時代にもあったにちがいない。様様な「かみまつり」はどのような形をとって行なわれたのであろうか。それが考古資料としてどのように残されているのであろうか。

　いわゆる祭祀遺跡は，祭祀遺物が存在することによって証明されている。祭祀遺物とは，滑石製模造品などの祭祀専用具＝形代である。祭祀には祭具が使用されたであろうことは十分に想像できる。しかし，祭祀専用具を必ずしも必要とはしなかったであろう。日常用具を使用して「かみまつり」を行なうことはむしろ通常のことであろう。彦国葺が出陣に際して大和・和珥武鐸坂上に忌瓮を鎮めて勝利を祈願した（崇神紀）ときの忌瓮が，祭祀専用具とは考え難い。祭祀専用具はむしろ「かみまつり」が形式化した段階に成立する形であり，おそらく祭祀を司る者＝司祭者＝巫覡の成立と一体のものであろう。増田精一氏が人物埴輪の成立を重視し，「埴輪人物は被葬者の殯に仕えた人々の像であり，その像を作ったということは，そうした人々をものとみる，すなわち被葬者あるいはその後継者が，彼らの階級を遙かに下等のものとみてはじめて成立しえたのである」[1]と指摘された点を，前述の背景の中で理解したい。

　以下，祭祀専用具成立以前にも「かみまつり」は行なわれていた，という理解のもとに古墳時代の祭祀の系譜をあとづけてみたい。

●火と水と稲穂のまつり●

　弥生時代の集落には，完形土器を含む穴をともなうことが多い。さきに検討したように[2]，これらの穴の多くは貯蔵穴と考えられるが，そのうち水辺にあるものについては他の機能を考えた方がよいかもしれない。機能の一つとして，縄文時代以来の堅果類のシブヌキも検討すべきであるが，穴の中に含まれている遺物によっては祭祀的な性格を認めてよいものがある。つぎに，奈良県纒向遺跡を例にとってそのあり方を紹介しよう。

　纒向遺跡は，奈良盆地東南部にある古墳時代前期を盛期とする集落跡である。調査によって推定居住地の北辺は河道地帯で，西辺は墓地であることが判明した。古墳時代前期の土壙群は，河道地帯の中州状地形部と墓地周辺部にあり，土壙基数と継続期間からみて前期前半には年ごとのまつりが，同後半には年2回のまつりが行なわれていたことを推定した[3]。

　まつりに際しては，湧水点に達するまで穴を掘り，時にはその隣接地に建物（仮建築）を建てた。まつりのあと，穴の中に廃棄された遺物群（容器・煮沸具・盛付具・焼木・水鳥形木製品・舟形木製品・箕・籠・竪杵・稲籾・機織具など）から推測されるまつりの内容は，稲籾を脱穀し，炊飯し，盛りつ

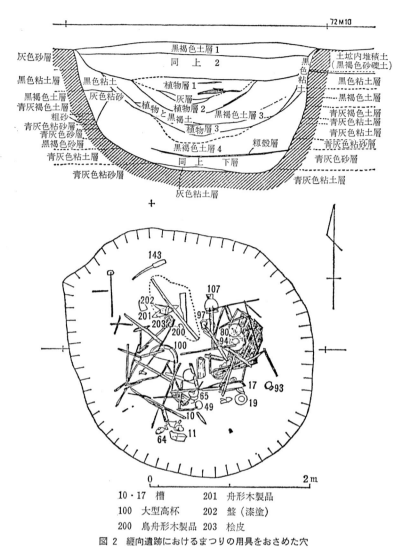

図2 纒向遺跡におけるまつりの用具をおさめた穴

け，儀礼ののち共食する過程が考えられる。機織具は，これら祭事に際して特別に布が織られたことを示すものであろう。このような形態の祭祀を「纒向型」と仮称する。

纒向遺跡においても，以上のような祭事形態を復原しうるほど豊富な遺物群をもつ土壙はわずかであるので，弥生時代以来の完形土器を含む水辺の土壙が同様なまつりの内容をもっていたとは考えられない。両者に共通している水辺にあること，穴を掘ること，火の使用を推測させることなどは，農耕祭祀が底辺にあって，その上に後述する朝鮮半島の祭祀型の要素が加わった結果と考えることができるかもしれない。例えば，『魏志』や『後漢書』にみえる高句麗の東盟祭の伝承には「大穴」の記載があり，三品彰英氏の言われるように東盟祭が穀母神をまつるもの[4]であれば，纒向の穴との関連を考えることができるが，明らかでない。

纒向型祭祀の遺物群についてみるならば，『延喜式』大膳職式の「御膳神」・「竈神」や新嘗祭の条などにあげられている用材の品目と一致するところが多いことに気がつく。ただ，直ちに纒向土壙群のまつりとこれらのまつりを直接に結びつけることはできないが，少なくとも『延喜式』に記載されている諸祭祀のうちいくつかの祖型が古墳時代前期にあることを推定しておきたい。

●壇場と立物のまつり●

壇場とは「まつりのにわ」であり，立物とは柱，盾，埴輪など壇場に樹立されたものとする。つまり，「壇場と立物のまつり」とは，一定区域に祭場を設け，立物を樹立して行なうまつりである。

現在，壇場と推定しうる遺構には2種ある。一つは水辺の壇場（石見型）であり，他は丘陵上の壇場（玉手山型）である。

（1）水辺の壇場

奈良盆地中央部の寺川流域に石見遺跡がある。石見遺跡には「幅6mの周濠のある径約30mの不整円形の微高地の周縁に埴輪や木製品が」あり，「内側の平坦地には古墳の痕跡はなかった。遺物は，多数の形象埴輪，円筒埴輪，木製品および若干の須恵器と土師器とである。形象埴輪は人物3，鹿，馬，水鳥，盾，籠などがある。木製品には長さ約1mの」鳥形4「のほか，笠状の円盤形木製品13，その他多数の加工跡のある柱状木製品があった。」「これらの遺物は6世紀初頭を中心とする時期に考えられ」，「治水関係の祭祀遺跡の可能性がつよい[5]。」

調査者の一人，森浩一氏はこれより早く「形象埴輪の出土状態の再検討」を行なって，「古墳に関係のない出土例」に注目され，その立地上の共通点として「河川に沿った個所が圧倒的に多い」

図 3　石見遺跡の鳥形木製品出土状況

ことと「5～6世紀になって現れた新しい祭の址である」ことを指摘しておられる[6]。

このように、低地を周溝で区画し、溝内に埴輪や木製品をもつ古墳以外の遺構を石見型と仮称する。古墳周濠に埴輪や木製品をもつ例は比較的多いので、盛土を失った古墳跡との区別は必ずしも明らかではないが、埴輪では人物・小孔をもつ盾（石見・纏向）、巫女像（石見・野畑）、木製品では鳥形（石見）、笠形（石見・纏向）、羽形（纏向）などの近畿地方の古墳ではあまりみられない組合せがあって、差異の一端を示している。

時期的には、奈良県纏向遺跡で森・Ⅰ式後半の須恵器を伴出する同種遺構が検出されて、5世紀後半にさかのぼることが明らかとなった。

水辺の壇場には、人物埴輪が登場する。まつりに奉仕する人を、みうちとしてではなくものとしてみる段階のまつりであり、まつりの階層分化と形式化が進展した形態と考えられる。

(2) 高丘の壇場

大阪府柏原市の玉手山丘陵は、古市古墳群に先行する前期古墳群として著名である。昭和44年以来、堅田直氏はその一画で明らかに埋葬施設をもたないが古墳状形態をもった遺構群を明らかにされた[7]。その時期は、堅田氏によると古い段階のもので、さかのぼっても5世紀後半代であり、新しい段階のものは8世紀に及ぶという。この遺構群は、堅田氏も言われるように古墳以外の祭場であり、これを玉手山型と仮称する。

玉手山型祭祀は、居住地から離れた丘陵の一画を祭場とし、継続的に営まれている。推定5世紀段階の遺構は不整形で比較的小型の壇場であるが、8世紀には丘陵を前方後円形に整形している。壇場には柱穴列をともなうが、とくに顕著な遺物はない。玉手山型祭祀は、現在のところ河内・古市古墳群に近い玉手山丘陵の一画に限られているが、各地での類例の増加は期待できる。例えば、すでに古墳として発掘調査したが埋葬施設が検出されていない遺跡の検討が必要であろう。

中国には、「天子が天帝を祀るために都城の南郊に設けた祭壇施設」があり、郊祀円丘・天壇などとよばれている[8]。林陸朗氏の検討によると、高句麗・新羅には文献の上では認められないが、『百済本紀』には10例の祭天の記録がある。そのうち付会の記事の多い部分を除いても近肖古王以降の3例が即位最初の正月に「祭天地於南壇」の記載があり、もっとも信憑性の高いと考えられる東城王11年（A.D.489）冬10月の条の「祭壇」が公州邑古図（李朝）に認められると指摘されている。

日本では、「桓武天皇および文徳天皇が長岡京および平安京の南郊たる交野の地に円丘を設けて、昊天上帝を祀った事実」があり、また、雄略紀以降には「壇をある地に設け、即位式を行ない、そのあとにそこを宮地とする」記載例が和田萃氏によって注目されて「仁徳・履中・安康・顕宗・仁賢・斉明の即位式にも同様の推測をなすことができる」という[9]。

中国・朝鮮・日本の文献から壇を設けて行なう事例を若干要約した。正史に登場する「壇」という制約があるうえに、文献に記載されている「壇」が円、あるいは方の台状部を構築しているのかどうかも必ずしも明らかではない。しかし、三者は天子の即位式に関連した場であることと建物をともなう点で共通している。ただし、朝鮮の祭壇は中国本来の郊祀円丘と異なるという林陸朗氏の指摘があるし、日本の桓武以前の壇場は宮殿そのものであって、祭天の儀も明らかではなく郊祀円丘と直ちに結びつけることが難しい[10]。

このような制約があるにもかかわらず、朝鮮と日本の壇場の事例をながく引用したのは、玉手山丘陵にみられた遺構が壇場をなすことと柱穴列を

87

もつ点で前記諸例とすて難い一致点を見出したからである。

それでは，玉手山型祭祀は，天皇の即位式，あるいは（今後各地で検出されるであろう類例を考慮して）首長位につく儀礼が行なわれた場なのであろうか。それは，遺構・遺物の上で何ら検証できない。

では，祭天の儀礼が行なわれたのであろうか。これについても遺物の上では何ら検証できないが，さきにあげた壇と柱穴列の一致からその可能性を考えておきたい。少なくとも，さきに検討した纒向型の地的宗儀に対比すれば，天的宗儀に移行している祭祀形態である可能性は高いのであり，それが少なくとも6世紀以降河内の地で構築物を設けて執行されていた意義は大きい。

●神奈備山のまつり●

従来の祭祀遺跡の研究で注目されていたのは，冒頭に紹介したように神奈備型神体山や磐境と滑石製模造品などの祭祀遺物の出土地である。ここで三輪山型と仮称するのは，早くから言われていた神奈備型の神体山に対する祭祀である。

奈良県三輪山の遺跡については，樋口清之氏らによって調査・研究が行なわれ，山腹の磐境と山麓の山の神祭祀遺跡などについて報告されている[11]。

山の神遺跡は巨石をともない，素文銅鏡，滑石製模造品（勾玉・剣・鏡），土製品などが出土していて「農具の多数存在する」点に三輪山信仰との関連を見出されている。

さらに注目すべきは，『雲根志』に「和州三輪山にて穿得たり」と記載されている4点の琴柱形石製品である[12]。材質は「色薄白く，厚さ4分，石の性少くやはらかにて上品ならず」の記述からみて，軟質の碧玉か滑石製品であろう。琴柱形石製品は，古墳時代前期後半から同中期前半に多い遺物であり，古墳の中心主体に副葬されていることが多い[13]。三輪山例は，森本六爾氏のA式とC式[14]で両時期にまたがるが，石上神宮禁足地からはC式が出土している[15]。

三輪山例が三輪山内のどの地点かは明らかではないが，山内では他に遺物の出土が知られていないことと石上神宮例からみて，禁足地出土である可能性がつよい。なお，三輪山禁足地からは子持勾玉も出土している。

このように考えると，三輪山型祭祀が少なくとも4世紀後半には開始され，琴柱形石製品C式と子持勾玉に示されるように5世紀代に継続し，纒向遺跡出土の和泉産の古式須恵器からも5世紀後半以降大田田根子伝承に象徴される祭祀体制に転換しつつ継承されたことが考えられる。

なお，琴柱形石製品の意義を重視すれば，4世紀後半段階の三輪山型祭祀に関与した人々は古墳被葬者階層の人々であり，ほぼ同時期と推定できる九州・沖ノ島の鍬形石[16]などに象徴される「国家祭祀」創祀の状況とも軌を一にしていて興味深い[17]。

●かみまつりの展開●

前項までに検討した祭祀形態の性格と継続時期を要約すれば次表のとおりである。墓墳型祭祀については説明を省略したが，古墳が首長権継承儀礼の場であれば，古墳は墓であると同時に祭場である，と理解した。

（1） 纒向型祭祀の消滅と石見型祭祀の成立

纒向型祭祀は，建物と穴と火と水にかかわる年ごとに行なわれた農耕儀礼であり，古墳時代前期を中心として行なわれた。それは，弥生時代に系譜をたどりうるものであり，古墳時代中期以降には変質して継続しているようにみうけられた。

表2 祭祀型の変遷

祭祀型	性格	古墳時代前期					同・中期				
		1	2	3	4	5	6	7	8	9	10
纒向型	農耕儀礼（新嘗？）										
墓墳型	首長権継承儀礼										
玉手山型	祭天の儀礼？										
石見型	治水？										
三輪山型	神体山										

水にかかわる農耕儀礼として纒向型に共通する
のが石見型祭祀である。石見型祭祀は，水辺に環
溝を掘り，溝に囲まれた平坦地で埴輪と木製品を
使用した祭祀が行なわれた。盛行するのは，古墳
時代中期中葉から同後期前半である。

纒向型祭祀が盛期を終えてから，石見型祭祀が
開始されるまで半世紀以上の間があいている。こ
の間には，墓墳型祭祀が盛期を終り，三輪山型祭
祀が新たにはじまっている。纒向型と石見型は，
農耕儀礼として共通していてもこの間には断絶が
あり，祭祀の内容にも質の異なる点がみうけられ
る。

纒向型祭祀が，稲籾・炊飯具・供膳具・機織具
などをもって農耕儀礼本来の形を整えているのに
対し，石見型祭祀は，人物・盾・家・鳥などの埴
輪や木製品を主たる祭祀具としていて両者には系
譜的なつながりは見出し難い。おそらく，纒向型
祭祀は弥生時代以来の地的宗儀としての形態を保
っているのに対し，石見型祭祀はほぼ併行する玉
手山型祭祀の祭天の儀を背景とする天的宗儀の色
彩をもつからであろう。また，石見型祭祀は環溝
をめぐらして祭場を固定する傾向があり，この点
でも纒向型祭祀との差異を示している。

（2）　墓墳型祭祀と玉手山型祭祀

前方後円墳が首長権継承儀礼の場として盛行す
るのは古墳時代前・中期であり，玉手山型祭祀は
ほぼ継続してはじまる。前述のように「壇場」を
文献の上で推定しうるのは仁徳紀以降であり，雄
略紀ではほぼ確実であるらしいが，これを玉手山
型祭祀に比定するのは難しい。つまり，玉手山型
祭壇が登場したことによって，古墳が葬送の場に
戻り，首長権継承儀礼は独立した壇場で執行され
るようになった，とは言い難い。

墳墓が首長権継承儀礼の場となったことが古墳
時代を意義づけるものであるとすれば，それが終
ったときは古墳時代の終りと考えなければならな
い。例えば，穴沢咊光氏が説かれるように[18] 6世
紀の南関東で「前方後円墳出土刀に比較して何ら
遜色のない」頭椎大刀が横穴墓から出土する事例
は「従来のような古墳の規模の大小であらわされ
る伝統的身分秩序とは全く異なった」新しい秩序
の成立を示唆するものであり，前方後円墳の変質
を示している。また敏達紀によれば，西暦585年
の天皇崩御ののち殯宮がおこされ，誄がなされ
た。和田萃氏によれば[9]，殯宮における誄は実質

的な皇位継承儀礼であり，儀礼の場が墓地から離
れたことを示している。

墓地から離れて独立した場で行なわれる首長権
継承儀礼の内容は，農耕儀礼としての纒向型祭祀
が加味されたものであろう。その上に，玉手山型
祭祀成立の思想的背景となっている中国・朝鮮の
影響のもとに，文献にあらわれる「壇場」として
成立するのであろう。「壇場」は，墓地や原野に
存在するのではなく，のちの宮殿に比定しうる場
所に求めなければならず，それは王の居舘であ
る。

ここで参考になるのは，古墳に樹立されている
家形埴輪の配置と近年検出されつつある同時期の
掘立柱建築群の配置である。前者については，藤
沢一夫氏が群馬県赤堀茶臼山古墳の家形埴輪群を
中国の明器としての家の配置を基礎に復原された
殿舎配置[19]があり，後者については，さきに高倉
管理形態との関連で復原したいくつかの遺跡の事
例[20]がある。この2つの作業でも，直接「壇場」
を比定しうる資料には恵まれていないが，首長層
の建物配置が定形化してくる過程は「壇場」設置
の前提と認めてよいであろう[21]。ことによると，
群馬県三ッ寺遺跡の 80m 四方の整備された遺構
は「壇場」にふさわしいものかもしれない。

玉手山型祭祀は，墓墳型祭祀にかわる「壇場」
とは考え難いが，その思想的背景は，墓墳型祭祀
を発展的に解消せしめる要因であり，その出現が
古くみて5世紀後半にあることは，少なくとも6
世紀段階での王権の変質を示唆するものであろ
う。そして，玉手山型の祭天の儀が，直接には百
済の影響によるものであるとすれば[8]，王権変質
の契機も百済に求めなければならないだろう。

●おわりに●

4, 5世紀の祭祀形態を，纒向型・墓墳型・玉手
山型・石見型・三輪山型の5型に分けて検討し，
さらに居舘内壇場型の存在を予測した。

纒向型祭祀と石見型祭祀は，農耕儀礼として共
通する面はあっても，前者は弥生時代以来の系譜
をたどりうるのに対し，後者は中国・朝鮮の天的
祭儀を思想的背景としているように推測された。

墓墳型祭祀は，古墳が首長権継承儀礼の場とし
て意義づけられているときの祭祀形態であり，玉
手山型祭天の儀のもつ思想を契機として発展的に
解消するものとした。そこには，王権が共同体の

枠から離脱し，王の居舘に「壇場」を設ける方向を推測した。これを壇場型祭祀と仮称する。壇場型祭祀は，このあと7世紀以降の宮殿建築の中に定着していくのであろう。

本稿は，さきに検討した「4，5世紀の祭祀形態と王権の伸張」(『ヒストリア』75号，1977) を基本としている。

註
1) 増田精一『埴輪の古代史』新潮社，1976，91頁
2) 石野博信「弥生時代の貯蔵施設」関西大学考古学研究年報，1，1967
3) 石野博信「三輪山麓における祭祀の系譜」纒向，1976
4) 三品彰英「朝鮮の新嘗」新嘗の研究，2，1955
5) 森浩一・伊達宗泰・白石太一郎「奈良県石見遺跡の調査概要」日本考古学協会昭和41年度大会研究発表要旨，1961
6) 森浩一「形象埴輪の出土状態の再検討」古代学研究，29，1961
7) 堅田直「玉手山丘陵南端部の調査—所謂郡田遺跡について」古代を考える，7，1976。詳細については堅田氏からご教示いただいたことを感謝いたします。
8) 林陸朗「朝鮮の郊祀円丘」古代文化，26—1，1974
9) 和田萃「殯の基礎的考察」史林，52—5，1969
10) 西嶋定生氏は「古墳出現の国際的契機」(『日本の考古学，Ⅳ月報4，1966) で，中国王朝の圜丘・方丘の制が前方後円墳の背景にあると想定されているが，本稿ではたとえ変質していても中国の制のとおり，祭祀の場として導入されているのではないかと考える。
11) 樋口清之「三輪山上に於ける巨石群」考古学研究，1，1927
  同「奈良県三輪町山ノ神遺跡研究」正・続，考古学雑誌，18—10・12，1928
12) 木内石亭『雲根志』巻5 神代石6，1773
13) 泉森皎「池の内古墳群の遺物と遺跡に関する考察—石製品」磐余・池の内古墳群，1973
14) 森本六爾「琴柱形石製品に対する一二の考へ」日本考古学研究，1943
15) 宮地直一・柴田常恵・大場磐雄『石上神宮宝物誌』大岡山書店，1929
16) 宗像大社祭祀遺跡調査隊編『沖ノ島Ⅰ』宗像大社復興期成会，1970
17) 遺構・遺物をとくに伴わない山の神信仰は縄文時代以来ありうることであり，それが蛇神信仰として継続していることは，神話の検討を通じて，あるいは文化人類学の分野から指摘されたとおりであろうが，ここでは考古学的に検討しうる範囲にとどめた。
18) 穴沢咊光・馬目順一「頭椎大刀試論」福島考古，18，1977
19) 野上丈助「埴輪生産をめぐる諸問題」考古学雑誌，61—3，1976に引用の「群馬県赤堀茶臼山家形埴輪配置復元藤沢案」による。
20) 石野博信「弥生・古墳時代の高倉管理形態とその変遷」橿原考古学研究所論集，1975
21) 水野正好氏は「埴輪体系の把握」(古代史発掘，7，1974) で，前方後円墳の前方部と後円部に設けられている壇を文献にみえる「壇・壇場」の「初源的な姿を示すもの」とされている。本稿ではその機能的な一致は認めうるとしても，「壇場」は王の居館内にあってはじめて「壇場」としての意義を見出しうるものと考えておきたい。

図14 纒向遺跡の建物跡と土坑

考古学と周辺科学 2
宗　教　学

宗教学は宗教現象を実証的帰納的方法でもって研究する学問であるが，就中宗教史において考古学と最も触れ合うものである

東京大学文学部助教授　後 藤 光 一 郎
（ごとう・こういちろう）

宗教学の分類

　宗教学は宗教現象を実証的帰納的方法で研究する分野である。つまり資料にもとづいて理論を目指す手続きをとる。しかし宗教学を最も広い意味にとるばあい，宗教に関わるあらゆる専門分野が含まれる。その中には，神学あるいは宗学のように，価値判断を伴う思弁的演繹的方法を用い，特定宗教の大前提となる最初の宗教的出来事の真理性に基づき，それに対する信仰の歴史的展開のあとづけ，宗教的真理の普遍妥当性・必然性の証明，布教伝道の実践的論考を内容とするものも入る。

　特定宗教成立の大前提とは，例えばシッダッタ・ゴータマがインドのネーランジャラー河の岸辺，現在のブッダ・ガヤの菩提樹下で達した正覚（前5世紀），単独でエジプトから脱出したモーセがシナイ半島のホレブ山で，燃える茨のやぶから語る神から受けた，窮状にあえぐ民の救出の召命（前13世紀），洗礼者ヨハネによる洗礼によるイエスの聖霊受領（1世紀），天使ガブリエルが巻物を強制的に読ませようとし，啓示をうけたマホメットの体験（7世紀）などである。

　また宗教哲学のように理性により宗教を哲学的に基礎づけ，批判するものもある。これは事実と理性にたいする方法論的選択の相違に由来するものである。これらの分野を加えると方法論は複合的になる。狭い意味では宗教現象学，宗教心理学，社会学といった法則定立を目指す領域のことで，歴史的記述を扱う宗教史学はこれに入らない。こういう分類の仕方によると，宗教民族学，宗教民俗学は発生的，比較的方法をとるなり，あるいは過去と現在の微妙な狭間に見られる文化伝統を対象とすることで，史学的研究領域と一般的説明の領域の両者にまたがることになる[1]。

宗教の倫理化

　宗教学の揺籃も比較宗教であった。宗教学が研究対象とする「宗教」は文化現象としてはかなりの程度明確に識別できる固有の領域を確定できる。しかし，宗教が人間存在に関わる関わり方は全人格的なものである。

　例えば，文明社会，未開社会を問わず，人生の節目，誕生，成年，結婚，死亡といった誰にでも起りうる新しい状態の始まりへの移行を明確にするため，再生体験を骨子とする儀礼が行なわれる。それは身体的変化もさることながら，集団内で新しい社会的地位を得ると同時に義務と責任を負うことを意味する。成人式はこのことが当事者に自己の意識となる最初の人格的移行過程で，一生のなかで時間的に一時期の出来ごとにすぎない。しかしこれは当事者の全人格に「生まれかわり」という深い内在的変革をもたらすと同時に，社会的ありかたも変わる。生あるものは死ぬという普遍的事実が，人の存在の最終形態を神秘的なものにする。

　死後の生を人に考えさせるのは，誕生の神秘と同様人生における状態の変化のサイクルを死後にも設定するからにほかならない。それは遺族の記憶に残り，夢枕に立つとか幻影をみて，それを死者の存在形態とみなすからである。死後の何らかの存在を終り，再び生まれかわって新しいサイクルを続けるという観念はインドやその影響をうけた地域，また未開社会にみられる。一つの死にたいし一つの生が対応するという観念は古代から広汎に認められる。

　古代オリエントのばあい，倫理化が早くからみられる。古い冥界観念は「ギルガメシュ叙事詩」

や「イシュタルの冥界くだり」[2]の伝承にみられるように，亡者は暗い「塵埃の住まい」で鳥のように翼がついている衣を着て，せめて飢えをしのぐのに塵埃や粘土しかないありさまだったが，すでにシュメール伝承「ギルガメシュ，エンキドゥ，冥界」[3]では子供が1人の家族から7人いる家族まで逐次その父親が死後冥界でどういう扱いを享けているかを描写している。この伝承を記した粘土板に破損部分があるため，子供の人数が1人と2人のばあいの状況は不明である。3人のばあい，水をたっぷり飲んでいる。4人のばあい，一部破損のため比較対象が不明ではあるが，楽しい状態にある。5人のばあい，有能な書記のように，いつも快く人を迎え入れ，王宮に正義をもたらす。6人のばあい，鋤を牽かせる人のように心楽しむ。7人のばあい，神々にいとも近い人にたとえられている。このように，累進的に幸福が増している。多産は神々の恵みとみなされている。また，屍が埋葬されないまま野ざらしになっていると，冥界に安住の地を見出せない。それどころか悪霊となって，通りかかる人を襲うとさえ信じられていた。

「ギルガメシュ叙事詩」のⅦivに，死の床に伏せるエンキドゥが夢で見た冥府の場面が出てくる。冥界の女神エレシュキガル（「塵埃の家」と呼ばれる下界の女主人を意味する）が書記の女神ベーリト・ツェーリ（原野——シュメール語 eden——の女主人を意味する）の記録朗読を聴いている。記録内容が何であったかは明らかでない。シュメールの「イナンナの冥界下り」[2]の伝承ではイナンナが冥府の7つの門を守る門番たちに渡すため，王冠をはじめ衣にいたるまで7種のものを身につける。さきのばあいベーリト・ツェーリが記録しているのは元来これらの装身具のことと言われる。

アッシリアの「イシュタルの冥界下り」になると，一方では，話の筋は簡略化され，死者が暗黒の世界に住むありさまが簡潔に描かれる——「ギルガメシュ叙事詩」の作者はこの作品から冥界描写の部分を引用した——が，他方では，7つの門の通過の部分はほとんど同じ内容である。このことはこの部分こそ女神の冥界下りの中核部分と考えられる。死者は確実に冥界に送りこまれねばならず，そのため冥界観に則した必要な副葬品を用意しなければならない。

メソポタミアでは「ギルガメシュ叙事詩」が前

ハンムラビ法典碑

27世紀頃から千数百年かかって出来上る間に，前2千年紀に入るとイシン王朝のリピト・イシュタル王が篇纂した法令集，ディヤラ地方の都市国家エシュヌンナの法令集，ハンムラビ法典が相ついで施行された。同じ頃，エジプトでは倫理的審判による死後の生命付与のチェックが成立した。これも実際には慣例化と民衆化とともに便宜主義を生じたが，数千年にわたるオシリス信仰の素地の上に倫理化を加えながら同一性を明確に貫いたことは，宗教史の中で clear cut な宗教現象だったといえる。

旧約聖書の宗教の本質を救済史ととるなら，青銅器時代末期の比較的おだやかな族長時代をその前史とし，鉄器時代の始まりとほぼ同じころ，モーセと彼の集団のエジプト脱出は救済史の原型と見なされる。聖書の記述によれば，シナイ山で神の啓示をうけ，40年荒野で過ごし，状勢を見計って「約束の地」へ入る間，沙漠の生活に耐えなければならなかった。厳しい状況を克服しえたのは厳しい一神と厳しい指導者のもとにおいてであった。われわれの目から見ればとくに肥沃とは思えないレヴァントの山稜地域も，比較的少ない降雨をフルに使えるように適当な大きさの貯水施設を考案し，「乳と蜜の流れる地」となった。海岸平野や北の地方に較べ生産性は低くても，やがて神のもとに契約連合体を組織する中核になっていった。「約束の地」はアジア，アフリカ，ヨーロッパの三大陸の接合点であり，民族移動，政治，文化，交通が複雑に交差するところであり，

しかも三方に高い水準の古代文明が興隆した所であった。そういう所に一神教は芽生えた。それは宗教の倫理化を極限まで押し進め，歴史の始めと終りを明確に画する終末論的宗教となった。

倫理化を実例にそってたどりながらいつの間にか宗教史を展開することになった。宗教学のなかで考古学と最も頻繁に触れ合うのは宗教史の分野である。

宗教史と考古学

宗教史は史学の一部門とも言えるが，研究対象の性格から，歴史学が文字資料に的をしぼるのと異なり，宗教現象が認められる先史時代も視野にとり入れる。

サルが仲間の屍を草で覆い葬るのは人間の真似事としても，宗教的観念の内容を明らかにするまでにはいかないが，何らかの抽象的思考を前提とせざるをえない埋葬法を示す例は少なくも前期旧石期時代後半にみられる。フランスのラ・シャペル・オ・サン，イタリアのローマの南，モンテ・チルチェオのグアッタリ洞窟，イスラエルのガリラヤのアムッド洞窟，カルメル山系の諸洞窟など，ネアンデルタール人の間に認められる[4]。埋葬だけでなく，逆円錐形の凹みを岩盤に穿ち，象徴的儀礼を行なったと思われる跡さえある。

同じ山系の中石器時代にもなれば，死者儀礼の象徴的行為は現代とさして変らない様相を示す。埋葬遺体の頭部近くに石柱を立て，上方から半分ほどの高さまで穴を穿つ例がある。日常生活で水を目的の場所まで達するようにするには，水を通す空間が目的の場所まで通じていなければならない。さきのばあいは非日常的である。ここには水を媒介に生と死の領域が直接つながるのを恐れる死のタブーへの恐怖を読みとれる。宗教と関わりのあるものは多少ともこの非日常性を備えている。人はそれに対し異和感を持つ。聖性が相反する心理的要素を併有するように[5]，人は聖そのものに接するときおののく。

日常性と非日常性のほか，恒常性と非恒常性の対比がある。神社は社殿の様式や祭儀の伝統に「古式」を秘めている。古代オリエントのバビロニア，アッシリア人祭司が祈りをシュメール語で捧げ，ローマカトリック教会がラテン語を公用語としているのもその例である。

恒常性を中心テーマとする祭儀の例として，バ

バビロンの遺跡

ビロンの新年祭をとりあげる。新年祭は年頭に当って天地開闢の太古の理想的世界秩序にかえり，新しい年の出発とする祭儀である。したがって宇宙開闢論的(コスモゴニーカル)，宇宙論的(コスモロジカル)な行事である。

祭りは首都バビロンで正月（グレゴリア暦の3月—4月にかかる陰暦月）ニサンの月の1日から12日間にわたる。幸いバビロンの主神マルドクのエサギラ神殿から新年祭の日程表が見出されている。それには「……エ・サギラ神殿の秘密。ベール（「主」という意味，マルドクのこと）の〔もの〕。至聖所の大祭司以外にもたせてはなら〔ない〕」と但し書きがついている。門外不出の極めて神聖な文書として扱われていたのである。破損部分が多く，2日目から5日目の日没直後まで残っているだけである。しかも残存部分にも欠損箇所が少なくない。

第2日目，大祭司は日の出の2時間前に起き沐浴し，主神を讃美する祈りを捧げ，アヌの冠があるところで祭儀執行。

第3日の朝，第6日に呪術的祓除儀礼に使う2体の像を鍛冶屋，指物師，金細工師，機織師に作らせる。それぞれの像の左手に木製のヘビとサソリを持たせる。ボルシッパの主神ナブが祭りに参加するため舟で到着するさい2つの像の首をうちおとし，火で焼く。

第4日，大祭司は日の出の3時間20分前に起き，両手を高く差しあげベールと配偶神サルパニトに祈りを捧げ，神殿の大庭に出て北を向き，エサギラ神殿の祈りを捧げ，神殿に祝福をおくる。夕方，大祭司は天地創造神話（「エヌマ・エリシュ」）を全文詠唱する。アヌの冠などは覆いかくされて

いる。朗詠に合わせて無言劇が演じられた、とする見解もある。

第5日、大祭司は日の出の4時間前に起き、チグリス河とユーフラテス河から取り寄せた水で沐浴ののち、ベールと配偶神に長い祈りを捧げ、両神を鎮める。祓い浄めの祭司による神殿祓除。剣持ちが首を打ち落したヒツジの死体で神殿とその周囲を祓め、ヒツジの頭と体を河に投げ捨て、二人は城壁外の荒地に祭りが終るまでとどまる。大祭司と職人がナブの滞在する部屋から悪鬼を祓除する。大祭司はベールの前に焼肉、塩、蜂蜜などをすすめ、香をたき、ブドウ酒を注いで祈りを唱え、テーブルをそっくり、運河伝いに舟で到着するナブの前に運ばせる。ナブを出迎える。それがすみ、王が神殿のベールの前にたつと大祭司が錫杖をはじめ、王権を象徴するあらゆるものをとりあげ、ベールの前に置き、王のほ

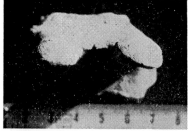
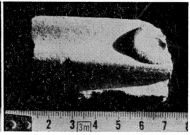

テル・ゼロール（イスラエル）出土の遺物
1：スカラベ、コブラ頭部（uraeus）4組をあしらった紋様
2：スカラボイド「命の木」紋様
3：香炉頭部の鉢形部分口縁外面の装飾（一部）
4：煮炊用鉢形土器口縁部の装飾
5：陶製供物用円形パン（部分）
これらは北のテル第Ⅸ層d（区画A17・18）の建造物の内外から出土した。そのほか建造物の一部に焼成煉瓦が使用されたり、南側に割石を円形に敷きつめた祭壇址があることなどから、この建造物が聖所だったと推定された。（番号は左上から右へ）

おを打ち、耳を引っぱって跪かせる。王は罪を犯さず統治者として失政がなかった、と告白宣言する。大祭司は祝福し王権の象徴を返す。再び王のほおを打つ。涙が出るかどうかで、王の運命の吉凶が判明する。日没後大祭司と王は白牛が登場する祭儀に臨むところで、粘土板の破損のため日程表は中断する。しかし、他の町の新年祭の資料から、第8—11日は、神々の行列がマルドクを先頭に、城外のアキート神殿に向い、そこに籠り、新しい年の万物の天命を決定する。

すでに見たように、幸い王権更新の場面が残っていた。王権更新をさらに高次元から基礎づけるのは前日の夕方行なわれた1,000行余りの「エヌマ・エリシュ」の朗読であり、神々の集会における主神権更新である。これはニネベ・アッシュール、ウルク、スルタン・テペなどで出土した諸断片からほぼ全容が明らかになった。宇宙開闢から神々の系譜をたどり、古い神々と若い新しい神々の争いから神々全体が二分して相争い、若手のホ

ープ、マルドクが原初の女神ティアマト（塩水、海）側を打ち破り、女神の屍を二分して天地を創り、敵将から奪った主神権の象徴の「天命のタブレット」を若手の神々の長老、天の神アンに進呈した。反逆の主謀者の血から人間を創って神々に仕えさせることになった。神々はマルドクのためバビロンのエサギラ神殿を造営する。神々はマルドクを主神に選び、彼を讃える。

エサギラ神殿は東が正面で内庭をもつ東西77.3m、南北85.9mの建物に後に北側の壁をそのまま東へ延長し、内庭を2つもつ東西89.74m、南北116.55mの建物を付加したものである。

神域は、発掘時に遺構のレベルの上に堆積土の厚さが数mから20m以上もあるため、地表から掘り下げたのは神殿の古い部分の内庭北部と、内庭に面した「ナブの間」を含む神殿の北翼の一部約1,000m²のみであった。8カ月かかり3万m³の土を引きあげたかいがあり、1899年から1917年まで続いた発掘の当初1900年、「エサギ

ラ」という文字を含む5種類の数行の文のスタンプを押したレンガから神殿址の確証を得た。あとはこの内庭の周囲と，古い本殿と新築部分の輪郭を20本以上の堅坑をうがち，土を搬出し，トンネルで追跡し確かめた[6]。

数多い発掘のなかで，これだけ遺跡の全貌，遺物資料，文字資料，他言語の記録伝承が相まって，古代オリエント文明の中心地における具体的舞台設定の中で，重要な宗教祭儀を当時のままに生き生きと再生できた例はあまりない。

考古学的遺物と宗教の関係を特定する目安として非日常性，恒常性を挙げたが，応用として神聖化，世俗化がある。「命の木」モチーフなどその例であろう。

註
1) 小口偉一・堀一郎監修『宗教学辞典』1973
   藤田富雄『宗教哲学』大明堂，1966
   岸本英夫『宗教学』大明堂，1961
   宇野円空『宗教民族学』八洲書房，1944
2) 『古代オリエント集』筑摩世界文学大系，1，1978
3) S. N. Kramer, The Sumerians, Chicago, 1963, pp. 197-205 ; Idem, Sumerian Mithology, New York, Evanston & London, 1961
4) M. M. ゲラシモフ，中島寿男・中村嘉男・井上紘一訳『旧石器時代の人類』河出書房新社，1971
   H. Suzuki & F. Takai (ed.), The Amud Man and His Cave Site, Tokyo, 1970
5) R. オットー，山谷省吾訳『聖なるもの』岩波書店，1968
6) F. Witzel u. F. H. Weissbach, Das Haupttheiligtum des Marduk in Babylon, Esagila und Etemenanki, Osnabrück, 1967

── 口絵解説 ──

古墳中期の祭祀遺跡
──愛媛県出作遺跡──

■ 相田則美
愛媛県臨時県史編纂部

出作遺跡は愛媛県伊予郡松前町大字出作に所在する。同遺跡は農業基盤整備事業で発見され，昭和52年12月から翌年1月にかけて松前町教育委員会により発掘調査された古墳時代中期の祭祀遺跡である。

遺跡は，重信川(旧伊予川)によって形成された松山平野の標高約15m内外の氾濫原に立地する。付近には仿製鏡・筒形銅器・紡錘車を出土した吹上の森2号墳などの前期古墳が存在する。そのほか同地域は，古代の伊予郡神前郷に比定され，延喜式内社の伊予神社・伊曽能神社・高忍日売神社・伊予豆比古神社が集中的に立地する。

遺構は，調査地(約3,000m²)の中央を流れる「自然流路」とその周辺に分布するSX01～SX03と称する主要な祭祀遺構，それらを囲むように分布する小規模な土器群のほか，竪穴住居址1軒，箱形木棺墓1基などである。SX03は全長約3m，幅約1.5mの規模である。ほぼ完形の土師器のみ約200点と数点の碧玉製勾玉や滑石製模造品・鉄製模造品で構成される。SX01は，全長約9m，幅約4mの大規模なものである。土師器のほか，杯・高杯・甑・壺・甕・器台などの初期須恵器を含む土器類，数千の勾玉，円板・剣形・臼玉の滑石製模造品や未製品・剝片のほか，鉄鋌・マグワ・U字形鍬・鋤・鎌・斧形鉄製品や土製品・砥石などの膨大な量の遺物で構成される。遺物では黒色土師器に類似した土器，地域色のある初期須恵器の存在が注目され，また，玉生産の可能性などの問題が提起される。

このことから，SX03は5世紀中葉に，SX01は5世紀後半～末に比定でき，SX03からSX01へ継続して祭祀が飛躍的に拡大発展したことが伺える。その内容から，祭祀の対象は水にかかわる農耕祭祀の儀礼と考えられる。さらに，遺跡の形成には強大な政治的管掌者の存在を推測させる。祭祀遺跡の出現と展開を解明するうえで示唆に富む重要な遺跡である。

祭祀遺構 (SX01)

── 口絵解説 ──

書評

斎藤 忠著

日本考古学概論

吉川弘文館
菊判 450頁
3,800円

　近年における日本考古学の視角は，伝統的な研究対象としての先土器時代～古墳時代を超えて「歴史」時代をもそれに加えるようになってきたが，それは考古学本来の目的よりすれば当然のことながら，まことに喜ばしい現象であるといわなければならない。さらに，「歴史」時代の調査対象についても，古代偏重の傾向を脱して中・近世の分野にまで拡大されるにいたったことは，明日の日本考古学の方向性を示すものとして注目されている。

　従来，日本の考古学界においては，とかく古墳時代以前を意識的に研究対象としてきた観があった。それを端的に示しているのが日本考古学の概説書類の構成内容であった。

　明治時代の八木奘三郎『日本考古学』(1898)，大正時代の高橋健自『考古学』(1913)，昭和時代初期の後藤守一『日本考古学』(1927)，大場磐雄『考古学』(1935)，そして戦後の小林行雄『日本考古学概説』(1951)など，いずれも古墳時代で筆を止めている。ただ，後藤は『日本歴史考古学』(1937)を公けにし，小林は「続編」の刊行を前提にされていることは注意されなければならないであろう。

　しかし，文献史学畑の佐藤虎雄の『日本考古学』(1930)には，古代は勿論，中・近世に及ぶ遺跡・遺物についての記述がなされていることは，その内容についてはとにかくとして注意されてよい著作であったといえよう。

　このような考古学者個人による日本考古学の概説書執筆は，日本考古学100年の歴史のなかにおいても，とくにここ十数年余における全国的発掘調査のあり方を見るにつけ，従来にもましてより困難さを深めてきているのが現状である。その困難な現段階を「孤船をあやつって万海の波濤をのりこえ」ようとの意図をもって公けにされた書が斎藤忠博士の近著『日本考古学概論』である。

　執筆の直接的な目標は，大学用のテキストであるというが，その内容は，現在における日本考古学の視角と方向をとり入れたものであり，一般読書人にとっても便利な概説書となっている。その目的を紹介すれば次の通りである。

　序　章　考古学を学ぶにあたって
　第1章　日本文化の黎明―先土器時代
　第2章　採集文化の展開―縄文時代
　第3章　農耕社会の展開―弥生時代
　第4章　古墳の形成と社会―古墳文化
　第5章　律令制社会の充実と仏教文化の発展―古代
　第6章　武家社会の発展と民間信仰の展開―中世
　第7章　封建社会の確立と庶民文化の開花―近世
　終　章　現代の考古学の諸問題
　参考書

　さて，本書の内容は26項目より構成されている。考古学の概念・時代区分・学史よりはじまり，先土器時代～近世までを含み，さらに研究の現状と課題に及んでいるが，その最大の特色は「歴史」時代にも大幅に紙幅を割いていることである。すなわち，各時代の概説として充てられている項目は，先土器2，縄文4，弥生4，古墳4，古代5，中世3，近世1となっているのである。このような内容構成をもつ日本考古学の概説書はかつて例を見なかったものであり，近年における日本考古学界の動向を意欲的にかつ大胆にとり入れたものということができるであろう。

　著者は本書の執筆にあたり「遺跡・遺物の説明に重点を置いた」とされ，それは考古学の本道は「遺跡・遺物を的確に把握する」ことであるという信念に裏付けられたものであるという。そして巻末につけられた参考書の目録は，本書を手掛りとしてより深く日本考古学を学ぶ人びとの便を配慮されたものであり，ここにも著者の読者への期待がこめられているかのようである。

　また，30頁にわたる索引がつけられていることは，本書が概説書であると同時に小項目の「考古学事典」としての役目をも果すことができるようになっている。挿図は，先土器時代より近世に及んで173図が収められ，その多くは著者自らの撮影になる写真と手拓であるところにも特色を見出すことができる。大学のテキストとしての本書ではあるが，日本考古学についての知識を求められる教養人にとっても恰好の概説書であり，本書刊行の意義をそこに見出したいと思う。

　一方，考古学の研究者にとっては，自己の専門外領域についての概要を知るのに手頃なものであり，本文中に関連文献が多く引用されていることによってもきわめて有用な概説書として活用されることであろう。

（坂詰秀一）

書評

岩井隆次著
日本の木造塔跡
心礎集成とその分析

雄山閣出版
A 5 判　318 頁
3,000 円

　今日，わが国の古代寺院の塔跡には約350ヵ所にも及ぶ塔心礎が残っており，出土する古瓦と共に，古代寺院の研究上，重要な資料となっている。しかしながら，意外にも塔心礎の方は古瓦よりも研究が進んでいなかったのである。塔心礎の考古学的な研究としては昭和7年に石田茂作先生の発表された「塔の中心礎石に就て」がその最初で，次いで昭和13年の足立康，昭和14年の田中重久氏の研究があっただけである。そして今日なお石田先生の形式分類が受けつがれているほどで，新しい研究はみられないままであった。

　本書の著者岩井隆次氏は40数年間にわたり，全国に残る塔心礎をくまなく踏査されて，日本考古学におけるこの面の研究がおくれていることを痛感され，学問上の矛盾点を明快に指摘された。この書は岩井氏の半生をかけた研究成果であり，ここに塔心礎をもとにした，木造塔跡研究に新しい道をひらかれたのである。

　次に本書の主な内容を紹介しておこう。本書は大体において次の三部から成っている。

　　心礎の研究
　　塔と礎石
　　古代木造塔跡概説

　このうち著者のもっとも重点を置いたのは「心礎の研究」のうちの一節を成している「心礎の分類」にあることはいうまでもない。なお，この部分についてはすでに「塔心礎の分類について」と題して『古代文化』235号（1978年8月）に発表されたものを骨子として若干の修正を加えたものである。全国の心礎を踏査された岩井氏は，塔心礎の発掘調査が案外少ないこと，心礎の計測方法が統一されていないこと，穴・孔などの用法が報告者によってまちまちであることを感じられ，これがこの研究をおくらせている原因の一つであるとされている。そこでこれを全国的視野から考察し，数値や形からみて，穴・孔が何のために造られたものであるかを見極めることが必要で，これが岩井氏の分類の出発点になったとされている。従来の分類では塔心礎の形による分類と，加工されたものによる分類があり，石田茂作先生は大体において形による分類であった。田中重久氏の分類は四元的分類で複雑すぎ，同一心礎が別々の項目に重複するなど統一性を欠いているし，足立康氏の分類法は簡単すぎてそれにあてはまらないものが多すぎるためやはり適当ではない。

　こうした矛盾点を改めて，岩井氏は形状ではなく，柱穴，柱座，柄穴，舎利孔など一定の用途を持つ工作物の有無，組合わせ及び位置ならびに状態を分類の規準とし，これによってまず34項目に分け，さらに最終的に17種類の心礎に分類することとなった。こうして石田先生以来50年ぶりに新しい分類法が発表されたが，これは岩井氏もいわれているように，決して石田先生の批判ではなく石田分類をふまえて発展・拡充したものと謙遜されているが，石田説が大きな反論もなく今日まで継承されている原因も同時に考えさせるものであろう。

　私は岩井氏と面識あってすでに10年近くになるがその真摯な人柄に接して学ぶ所が多すぎ，ここで高著を評するほどの何物をも持つものではないが，読後の感を申し上げるならば，まず年代の表現で飛鳥後期，白鳳，白鳳後期，奈良時代というのは美術史なり古代史の方で統一して頂く方が簡明になろう。それと共に，心礎の年代を考える上で心礎様式から塔の年代を考えるのは誤りであり，古瓦も絶対的ではないと指摘はされているが，一方では比曽寺に薬師寺式双塔があってしかも飛鳥時代の古瓦が出土することから白鳳末期の再建と推定されているが，この場合，飛鳥時代の瓦が必ずしも塔の瓦という確証がないことも考えてよいのではなかろうか。また舞木廃寺式と分類された環状溝について，溝は一方から他方へ流れるものと考えるならば環状の溝は矛盾しており，これが排水施設とみるなら濠のようなものとなり，あるいは添木柱か根巻きの施設と見ることは出来ないであろうか。

　次に檜前寺の場合，心礎の上の瓦積みは近年発掘された講堂の瓦積み基壇と関連するものではないだろうか，この点で他の建物とは年代の再検討を要すると思われる。石工の点について，石作部と渡来人の伊氏を挙げておられるが伊氏（いのし）は鎌倉初期に重源が宋から請来された工人であり，心礎の工作者とは考えられないのではないだろうか。この心礎の分類が様式（スタイル）からさらに形式（パターン）に区分されてきた時，その心礎分類が文化史的にどう位置づけられてくるか，それが今後の研究者の責務になってくるのである。ともあれこの書は日本考古学の見落してきた分野に一石を投じ，一歩前進させることになった価値は大きい。

（江谷　寛）

論文展望

安孫子 昭二
子母口式土器の再検討

東京考古 1号
p. 1〜p. 49

関東地方の縄文早期後半の土器型式に子母口式がある。子母口式は，1930年に山内清男氏により初めて紹介され，その後『先史土器図譜 XII』において，子母口貝塚および大口坂貝塚の出土資料が提示された。この土器型式の標識的な文様に絡条体圧痕文があり，この文様の去就をめぐって様々の論議がなされてきた。

小論は前篇と後篇からなる。前篇は沼津市清水柳遺跡（瀬川ほか，1976）の資料批判である。瀬川らが野島式と集団を異にして共存するとした絡条体圧痕文の一群（清水柳E類＝列点状撚糸圧痕文）を，筆者は文様構成，施文手法，組成などの分析から，後者から前者に円滑に変遷することを説き，それが関東の子母口式に対比される在地的な土器であろう，とした。

後篇では，東北南部，関東，長野などに存在する絡条体圧痕文および共伴土器を整理し，いわゆる絡条体圧痕文には野島式以前の子母口式の一群と，茅山上層式の直後で，東海西部の上の山式に併行する絡条体圧痕文（仮称下沼部式および常世2式）の二時期が存在することを説いた。

また，子母口式の絡条体圧痕文の系譜を考えるに，祖型を宮城県大寺遺跡2層上部の土器に求めた。そこでは貝殻腹縁文が盛行しており，その擬似貝殻腹縁文として使われはじめたものが，子母口式にも敷衍したのであろう。常世（1）式もこの大寺式と共通するが，常世2式の絡条体圧痕文はむしろ茅山上層式以降で，下沼部式

に併行しよう。また，長野県男女倉C遺跡の特徴的な絡条体圧痕文は，大寺式の系統であろう。

なお，同じテーマで子母口式土器を追求した瀬川裕市郎の「子母口式土器再考」（1982）がある。筆者の見解と対照的であり，併読されたい。

（安孫子昭二）

春 成 秀 爾
土井ケ浜集団の構造

森貞次郎博士古稀記念
古文化論集
p. 355〜p. 376

山口県土井ケ浜遺跡は，弥生前期後半から中期初めにかけての多数の人骨を出土した墓地址である。墓域はこれまで，人骨の密集する中心地区と人骨の散在する周辺地区の二群に分けられ，前者は土井ケ浜出身者，後者は他集団からの婚入者と考えられてきた。そして，その考えを前提に土井ケ浜集団の父系制説（金関恕氏）や双系制説（甲元真之氏）が提出されてきた。

筆者は報告書にもとづき群別を行なった結果，土井ケ浜墓地は5体合葬の4号石棺を中心に，その周囲に埋葬小群が環状に二重にめぐっているとの考えをもつにいたった。埋葬小群は，内側は6群，外側は8群で，抜歯の施行率のちがいからすると，内側が古く，外側が新しい。そして，4号石棺は外側と併行する。小群内にはしばしば男性と女性の遺体が並列されている。そこで男女を夫妻とみなすならば，小群内に土井ケ浜出身者・婚入者ともに埋葬されており，小群は世帯の埋葬区画ということになる。それが二重に配列されたのは，世帯の数が途中で増加したからであろう。

土井ケ浜の内帯を中心とする密集地区出土の人骨例数は，男性が女性の2倍以上である点が問題であった。ところが，そのうちには男性改葬例が多数含まれている。そこで，土井ケ浜では当初は，男性と女性は埋葬区が異なり，その後，男性の埋葬区付近に環状墓域が設定されたと考えることができる。

土井ケ浜集団の婚姻居住規定については，箱式石棺および石囲墓の被葬者が男女相半ばすること，ゴホウラ製貝輪の着装者が男性に限られること（2例）から，選択居住婚であったか，または夫方居住婚が優勢であった，と推定する。

（春成秀爾）

白 石 太 一 郎
畿内における古墳の終末

国立歴史民俗博物館
研究報告 第1集
p. 79〜p. 120

この論文は，終末期古墳の年代の再検討を行なうとともに，畿内における古墳の終末の過程について若干の整理を試みたものである。その結果，この時期の古墳出土の須恵器や横穴式石室に与えられている現行の年代観は若干下方へ修正する必要があること，大王陵を含む支配者層墓ならびに群集墳の終末に至る経過にはそれぞれ2〜3の大きな画期が認められることを論じた。

すなわち，支配者層墓の変質過程における第1の画期は，6世紀末葉と想定される前方後円墳の否定と大型方・円墳の採用であり，第2の画期は7世紀中葉における大王陵の八角墳化であり，第3の画期は7世紀の後半における豪族の古墳の消滅ないし衰退の現象である。このうち，第1の画期は連

98

合政権としてのヤマト政権を構成する各地の豪族の同盟のシンボルであった前方後円墳に，大王も諸豪族もそろって訣別したものであり，第2の大王陵の八角墳化は大王が畿内豪族層の中におけるその地位の隔絶化を志向したものであった。しかしこの八角形の大王陵の墓室は，畿内の有力豪族層と全く共通のものであり，部族同盟段階の造墓意識や造墓機構がなお残っていたことを示している。その意味で大王ならびにその一族が，諸豪族との隔絶化を墳墓の造営においても明確に示すのは第3の画期をまたねばならなかった。この第3の画期をもたらしたものは壬申の乱による大王権力の伸長にほかならないと思われる。

一方，群集墳の消滅については，必ずしも先の支配者層墓の変質にみられた画期とは一致しないが，少なくとも7世紀の第1四半期と，7世紀の第3四半期の二つの画期をへてその歴史的役割を終えるのである。この第2の画期をもって墳丘をもつ墳墓を民衆が営むことは完全になくなるのであるが，これこそまさにヤマト政権を構成する諸豪族層が私的な同族関係で民衆を支配していた古い支配体制を全面的に否定したもので，天智朝における庚午年籍の作成にみられるような国家による個別人身支配のための民衆の編成の進行などと関連する出来事として理解できるのである。

（白石太一郎）

坪之内 徹
畿内周辺地域の
藤原宮式軒瓦
考古学雑誌 68巻1号
p. 1〜p. 17

藤原宮式軒瓦の分布に関して，その内容を讃岐と近江において細かくみてゆくと，次のような事実が明らかにされた。

讃岐では石井廃寺・長楽寺をと

りあげると，軒丸瓦は 6278C とE，軒平瓦が 6646 にもとづいて瓦当文様がデザインされている。これを宮の瓦製作地グループ（『飛鳥・藤原宮発掘調査報告』II 参照）と対比すると，軒丸瓦はFグループ，軒平瓦はGグループに対応しており，宮造営のために中央に集められた工人が本貫地に帰って造寺に従事した結果である場合が想定される。

近江では，石山国分廃寺・花摘寺の 6278-6646 系統の軒瓦はGグループに対応しており，しかも，宮の瓦と同范で，胎土・焼成・色調ともによく似ていることが明らかとなった。これは近江地域の藤原宮式軒瓦が，宮造営と時間的にあまり隔たらない時期に製作されて近江にもたらされたことを示している。現在のところ，この考古学上の事実を，7世紀後半から8世紀初頭の近江の歴史の中で正確に位置づけ得る手がかりはない。

今後も，藤原宮式軒瓦の分布する地域において，実態が明らかになりつつある本薬師寺式軒瓦とともに，分布の内容を細かくみてゆくことが必要であろう。また，やはり畿内とその周辺で増加している宮の瓦との同范例にも注意すべきである。

（坪之内 徹）

小田 富士雄
日・韓地域出土の
同范小銅鏡
古文化談叢 9集
p. 87〜p. 104

1918 年慶尚北道永川郡漁隠洞から一括発見された青銅器群中に小銅鏡6種 11 面がある。うちA群鏡4面，B群鏡3面の同范品があった。近年さらに大邱市坪里洞1面，佐賀県三養基郡二塚山（II次 46 号甕棺・弥生後期初頭）1面のA群鏡が，また大分県竹田市石井入口（82 号住居跡・弥生終末

期）1面のB群鏡が発見された。

これまで西日本に多い仿製小銅鏡は，前漢代の内行花文日光（清白）鏡系統（中国側で連弧文昭明＜明光＞鏡と呼ばれているもの）に原鏡が求められてきた。またこれら原鏡の年代は洛陽焼溝漢墓の成果では第四型に分類されていて前漢後半代から後漢初に比定されている。したがって北部九州の後期遺跡で発見される広縁式内行花文昭明（明光）鏡（第四型），虺龍文鏡（第五型）などは後漢初〜前葉頃すなわち西紀1世紀後半以前に流入したと考えられ，西暦57年に奴国が入貢して印綬をもたらした記録などはその契機となったことであろう。

以上の第四型，第五型鏡は漁隠洞，坪里で小銅鏡と共伴しており，その年代は1世紀前半代に推定される。また二塚山，石井入口の二鏡は同范鏡群中初鋳品ではないので，A，B両群鏡は前漢鏡を原鏡として韓国で製作されたものであり，そのうちの各1面がもたらされたとみられる。その時期は1世紀中頃を下らない頃であり，北部九州では弥生中期後半から後期初頭を下らない頃であった。

さらに韓国では前漢鏡のうち，内行花文鏡系は発見例が多いが，重圏文鏡系はほとんど発見されていないので，従来想定されている重圏文鏡系原鏡説は否定的である。

（小田富士雄）

この欄では次の方々のご協力により掲載論文を選定しています。

（五十音順，敬称略）

石野博信（橿原考古学研究所）
岩崎卓也（筑波大学）
坂詰秀一（立正大学）
永峯光一（國學院大學）

文献解題

池上　悟編

◆古文化論集—森貞次郎博士古稀記念　森貞次郎博士古稀記念論文集刊行会刊　1982年4月　B5判　1549頁
森貞次郎先生の人と学問
………乙益重隆
旧石器時代の長崎………下川達彌
押型文土器の施文法と原体
………山崎純男
磨消縄文土器伝播のプロセス
………田中良之
縄文時代後期の剝片石器
………渡辺和子
上南部遺跡出土土偶の観察
………富田紘一
福岡県二丈町広田遺跡の縄文土器
………小池史哲
縄文時代雑感………坪井清足
西日本農耕起源雑考………賀川光夫
石斧再論………佐原　真
朝鮮先史時代勾玉………西谷　正
朝鮮・コマ形土器の再検討
………藤口健二
中国東北地方の支石墓
………甲元真之
朝鮮の青銅器と土器・石器
………後藤　直
初期稲作期の凸帯文土器
………中島直幸
土井ヶ浜集団の構造………春成秀爾
方形周溝墓に関する一覧書
………田代克己
北部九州の弥生時代貝塚
………木村幾多郎
弥生時代における南海産貝製腕輪の生成と展開………木下尚子
熊本県における弥生中期甕棺編年の予察………西健一郎
甕棺のタタキ痕………橋口達也
弥生時代の土器祭祀について
………馬田弘稔
東アジアにおける鉄斧の系譜
………東　潮
銅鐸型式設定考………三木文雄
巴形銅器二例………島津義昭
熊本県下の弥生時代鑑鏡
………隈　昭志
銅矛形祭器の生産と波及
………下條信行
矛と祭り………永留久恵
日本および韓国における貨布および五鉄銭について………岡崎　敬
対馬発見の弥生時代瓦質系壺形土器………小田富士雄
鉄製素環刀………児玉真一
東北北部における政治的社会の形成………工藤雅樹
西ノ辻N式併行土器群の動態
………森岡秀人
原ノ辻上層式土器の検討
………高倉洋彰
北九州における弥生時代の複合口縁壺………武末純一
三・四世紀の土器と鏡
………柳田康雄
南四国における叩目のある弥生土器と土師器………岡本健児
古式土師器の成立と展開
………野田拓治
前期古墳周辺区画の系譜
………石野博信
古墳時代の再葬………高木正文
筑後月の岡古墳とその周辺
………福尾正彦
竪穴系横口式石室再考
………柳沢一男
慶尚北道高霊壁画古墳について
………神谷正弘
地下式板石積石室墓出土の鉄器について………森山栄一
九州の石製模造品………赤崎敏男
双魚袋考………乙益重隆
狸山A遺跡出土須恵器の渦巻文叩き目をめぐって………横山浩一
石屋形の成立とその系譜
………池田栄史
中九州の横穴………松本健郎
中部九州古墳時代人の死亡年齢と頭骨長幅指数（概報）
………北條暉幸
神籠石系山城の再検討
………佐田　茂
豊前国分寺の造営に関して
………亀田修一
讃岐出土の輸入陶磁………渡辺明夫
日本出土の中国貿易陶磁の年代と東アジア出土品との異同について………亀井明徳
海巴と螺殻—琉球と中国華南の交渉………三島　格
◆考古学論考—小林行雄博士古稀記念論文集　平凡社刊　1982年5月　菊判　1142頁
荒屋遺跡出土の彫器………山中一郎
縄文時代の集団構造………丹羽佑一
西日本縄文土器再考………泉　拓良
石器を作るハンマー………桃野真晃
弥生時代の東播磨………喜谷美宣
土器様式変化の一研究
………中村友博
形容詞を持たぬ土器………川西宏幸
畿内第五様式における土器の変革
………都出比呂志
三十四のキャンバス………佐原　真
神を招く鳥………金関　恕
弥生・古墳時代の漁具
………和田晴吾
前方後円墳の墳丘について
………堅田　直
長持形石棺………西谷真治
金銅技術について………小林謙一
初期須恵器について………田辺昭三
難波宮跡出土の「拒鵲」鴟尾について………中尾芳治
土器様式の成立とその背景
………西　弘海
大化「薄葬令」再論………林　紀昭
日本古代の陶硯………楢崎彰一
古代の文献に見える「版位」とその実物………横山浩一
古代の山陽道………高橋美久二
『延喜式』所載の土器陶器
………吉田恵二
瓦の范と瓦当………近藤喬一
平安後期の軒瓦に関する基礎的研究………上原真人
大阪府高槻市宮田遺跡再論
………原口正三
木簡学の提唱………坪井清足
日想観………水野正好
戦国武将の生活の一形態
………河原純之
漁民とその民俗的空間
………篠原　徹

遺跡遺物に関する保護原則の確立
過程……………………田中　琢
朝鮮における銅剣の始源と終焉
　　　………………岡内三真
銅鐸のはじまり…………宇野隆夫
朝鮮考古学の時代区分について
　　　………………西谷　正
朝鮮語よりみた秦・漢両氏の始祖
名…………………………笠井倭人
中国における王陵の成立と都城
　　　………………秋山進午
方格規矩四神鏡の研究
　　　………………藤丸詔八郎
画像鏡の図柄若干について
　　　………………林巳奈夫
漢末〜魏晋代の多室墓の性格
　　　………………加藤　修
六朝鏡の二・三の問題
　　　………………樋口隆康
古代中国の戦闘技術……川又正智
シベリア発見の唐鏡について
　　　………………岡崎　敬
葱嶺山と阿路猱山………桑山正進
西北イラン出土の青銅製短剣につ
いて………………………山本忠尚
ヨーロッパ製塩土器考
　　　………………近藤義郎

◆村尻遺跡 I—新発田市埋蔵文
化財調査報告第 4　新発田市教育委
員会刊　1982 年 3 月　B 5 判
212 頁
　蒲原平野の北部の櫛形山脈と二
王子岳の山麓にはさまれた谷底平
野に位置する遺跡である。縄文
後・晩期の住居址・炉址・土坑と
弥生時代中期初頭の土坑墓であ
る。弥生時代の土坑墓は 11 基あ
り，このうちの 9 基は再葬墓，2
基は一次葬である。出土土器 34
例中壺が 25 例と過半を占める。

◆山崎横穴群　千葉県文化財セン
ター刊　1982 年 3 月　B 5 判
286 頁
　千葉県中央部の東側に位置する
茂原市の一宮川本流と支流の豊田
川にはさまれた丘陵部に位置する
横穴墓の調査報告である。47 基が
調査され，このうちの 40 基が羨
道より一段高い玄室部を有する高
壇式のものであり，残る 7 基が小
形のものである。高壇式の多くは
家形の浮彫りを施すものである。

7 世紀代の築造。平安時代の再利
用を窺わせる遺物が若干出土。

◆東京都板橋区成増一丁目遺跡調
査報告　板橋区教育委員会刊
1982 年 3 月　B 5 判 448 頁
　東京都板橋区の荒川右岸，支流
の白子川南岸の台地縁辺に位置す
る遺跡で，縄文期の遺構 19 基と
弥生時代後期から古墳時代前期の
遺構 45 基の報告。後者は主体を
なすもので，42 軒の住居跡と 3 棟
の倉庫を，大形住居を中心に 7 期
にわたる変遷が想定されている。

◆三重県斎宮跡調査事務所年報
1981　三重県教育委員会・三重県
斎宮跡調査事務所刊　1982 年 3
月　B 5 判　94 頁
　三重県の東部多気郡明和町に位
置する東西 2 km，南北 1 km の
範囲と想定される斎王宮跡におけ
る第 36〜41 次調査の概要報告。
範囲内の東半部を中心にほぼ全域
に及ぶ。成立以前の弥生・古墳時
代の遺構より奈良・平安時代から
鎌倉時代に至るまでの多数の遺構
を検出。

◆陶邑 V—大阪府文化財調査報告
書第 33 輯　大阪文化財センター
刊　1982 年 5 月　B 5 判　463 頁
　大阪府南部の泉北丘陵に位置す
る約 500 基よりなる本邦屈指の須
恵器の大窯址群に関する調査報告
の一部。この報告では東北部の高
蔵寺地区の 22 基と東端部の陶器
山地区の 13 基の報告が行なわれ
ている。これらの窯の操業は 5 世
紀より 9 世紀代に及ぶものであ
る。

◆龍泉寺 II—大谷女子大学資料
館報告書第 7 冊　大谷女子大学資
料館刊　1982 年 3 月　B 5 判
88 頁
　富田林市に所在する龍泉寺の調
査報告。現状は水田あるいは果樹
園と化しているものの，寛文年間
の絵図では 23 の坊院が認めら
れ，2 回の調査により 7 カ所の坊院の
概況が明らかになっている。2 カ
所の坊院と坊院に囲まれて位置す
る 4 カ所の修法跡の報告である。

◆丹波周山窯址　京都大学文学部
考古学研究室刊　1982 年 3 月　B

5 判　160 頁
　旧丹波国内を西南流する大堰川
（桂川の上流）と南流する弓削川
の合流点の北桑田郡京北町に位置
する。4 基の窯が検出されたが，
いずれも瓦陶兼窯として，7 世紀
の末葉より 8 世紀前半代にかけて
操業したものである。

◆殿山遺跡・殿山古墳群—岡山県
埋蔵文化財発掘調査報告 47　岡
山県教育委員会刊　1982 年 3 月
B 5 判　201 頁
　岡山県南西部の高梁川下流域左
岸の総社市三輪に位置する遺跡で
ある。殿山遺跡は弥生中期後半の
住居址 2 基の検出である。古墳群
は狭い尾根上に位置する 11 基が
調査されたもので，近接して存在
し，1 基が円形である以外は方形
の墳丘である。出土遺物よりみて
弥生後期終末より古墳時代前期に
かけての築造である。いずれも小
規模なものであるが明確な盛土に
より墳丘を構築している。

◆朝田墳墓群 V—山口県埋蔵文化
財調査報告書第 64 集　山口県文
化財愛護協会刊　1982 年 3 月　B
5 判　320 頁
　山口盆地西側の丘陵縁辺に位置
する朝田墳墓群のうち第 II 地区の
調査報告。弥生時代の 2 基の台状
墓と若干の土壙墓・箱式石棺墓が
検出されているが，主体をなすも
のは 10 基の横穴墓である。この
うちの 6 基は墳丘を有するもので
あり，6 世紀前半に構築され，後
続して後半代に墳丘を有さないも
のが築造されている。

◆藤崎遺跡—福岡市埋蔵文化財調
査報告書第 80 集　福岡市教育委
員会刊　1982 年 3 月　B 4 判
201 頁
　福岡市西部の室見川流域の早良
平野西北端近くに位置する遺跡
で，その範囲は 370×310 m ほど
である。このうちの第 6 地点の調
査報告であり 9 基の方形周溝墓が
主体をなす。このうちの第 6 号は
一辺の中央に陸橋部を有する 22
m ほどの規模であり，墓壙内の
組合せ木棺を主体部とする。副葬
品として鉄器以外に三角縁二神二

車馬鏡1面が検出されており，各地の前期有力古墳との同笵関係が窺われ，注目される資料となっている。

◆国立歴史民俗博物館研究報告
第1集　国立歴史民俗博物館　1982年6月　B5判　340頁
銅鐸の時代……………春成秀爾
古墳群形成にみる東国の地方組織と構成集団の一例―会津大塚古墳群とその近隣―……杉山晋作
畿内における古墳の終末
　　　　　……白石太一郎
古代の城柵跡について
　　　　　……阿部義平

◆埼玉県立歴史資料館研究紀要
第4号　埼玉県立歴史資料館　1982年3月　B5判　129頁
埼玉における古代窯業の発達（4）
　　……浅野晴樹・金子真土・
　　石岡憲雄・梅沢太久夫
「吉ヶ谷式」と「岩鼻式」土器について…………………石岡憲雄
北武蔵の須恵器―7・8世紀代の様相について………金子真土

◆考古学雑誌　第68巻第1号
日本考古学会　1982年6月　B5判　168頁
畿内周辺地域の藤原宮式軒瓦―讃岐・近江を中心として―
　　　　　……坪之内　徹
高句麗積石塚の構造と分類について……………………田村晃一
鉛同位体比からみた銅鐸の原材
　　　　　……馬淵久夫・平尾良之
但馬・気比銅鐸をめぐる2・3の問題…………………井上洋一
ボストン美術館所蔵銅鐸の出土地について……………西谷真治
神戸桜ヶ丘町出土の銅鐸・銅戈群の埋納状況について
　　　　　……喜谷美宣
銅鐸三例……………村川行弘
島根県志谷奥出土の銅鐸・銅剣
　　　　　……勝部　昭
鳥取県東伯郡羽合町・長瀬高浜遺跡出土の小銅鐸について
　　　……長瀬遺跡調査事務所
兵庫県久田谷遺跡出土の銅鐸片
　　　　　……加賀見省一
福井県三方郡三方町向笠出土の銅鐸について……広嶋一良

愛知県朝日遺跡出土の銅鐸片
　　　　　……高橋信明
愛知県豊川市千両町出土の銅鐸について…………小笠原久和
愛知県渥美郡田原町堀山田の銅鐸
　　　　　……小野田勝一
静岡県引佐郡細江町滝峰七曲り2号鐸…………………芝田文雄

◆史叢　第29号　日本大学史学会　1982年5月　A5判　114頁
茨城県新治郡所在の白幡古墳群について……………………竹石健二

◆東京考古　第1号　東京考古談話会同人　1982年4月　B5判　134頁
子母口式土器の再検討―清水柳遺跡第二群土器の検討を中心として……………………安孫子昭二
後期古墳時代集落出土鉄鏃に関する若干の問題………池上　悟
武蔵国分寺跡出土の平城宮系瓦について………………有吉重蔵
南武蔵における古代末期の土器様相……………………服部敬史
平山遺跡出土土器
　　　　　……武田恭彰・福田健司
町田市小山田 No.27 遺跡―土師器三足付鍋形土器と土師質壺形土器……………………北原實徳
昭島市坂上遺跡発見の須恵器
　　　　　……和田　哲

◆神奈川考古　第13号　神奈川考古同人会　1982年5月　B5判　168頁
縄紋時代中期後半の土器紋様の変化とその意味
　　　　　……山村貴輝・田中純男
相模国の奈良・平安時代の集落構造（中）………………國平健三
東京都八王子市大法寺裏遺跡の調査―平安時代の須恵器工房址に関する予察―………服部敬史
洛東江中流域古墳出土陶質土器の編年（1）―伽耶地域古墳出土陶質土器編年試案Ⅳ―
　　　　　……藤井和夫
横浜市神奈川区片倉台遺跡出土の土器について―縄文時代早期条痕文系土器を中心に―
　　　　　……重住　豊
『新山遺跡』調査報告書中の橋口尚武氏の論攷について

　　　　　……山本暉久
三浦半島における土師器の一様相―横須賀市なたぎり遺跡B地点・小荷谷戸遺跡の資料を中心として―……滝沢　亮・
　　西川修一・小金井　靖

◆甲斐考古　第19巻第1号　山梨県考古学会　1982年5月　B5判　30頁
相模川上流の河岸段丘上に於ける縄文文化の研究―早期に於ける動静…………………長谷川　孟
山梨県・中道町上の平出土の縄文草創期一括資料について―特に交叉する線刻文を有する礫を中心に―………山本寿々雄
甲斐国古代の階級社会形成に関する研究（Ⅲ）―資料の検討とその側面整理部分から―
　　　　　……山本寿々雄
山梨県の古瓦―天狗沢窯址―
　　　　　……佐野勝広
銚子塚古墳出土の埴輪
　　　　　……坂本美夫

◆ヒストリア　第95号　大阪歴史学会　1982年6月　A5判　80頁
分銅形土製品についての一考察
　　　　　……三宅俊隆

◆平安博物館研究紀要　第7輯
古代学協会　1982年6月　B5判　154頁
武器形石製品の性格……下條信行
鏡背分割法試案………川西宏幸
韓国慶尚南道釜山・金海地域出土陶質土器の検討………定森秀夫

◆古代文化　第34巻第4号　古代学協会　1982年4月　B5判　48頁
殷前期の提言（15）―玉器（Ⅳ）
　　　　　……飯島武次

◆古代文化　第34巻第5号　1982年5月　B5判　48頁
再び考古学と地理学との中間領域の研究について……藤岡謙二郎
シュリーマンの霊廟……角田文衞

◆古代文化　第34巻第6号　1982年6月　B5判　54頁
中国における旧石器時代研究の現状……………………賈　蘭坡
横浜市旭区南本宿町猫丸採集の遺物…………………山本暉久

学界動向

「季刊 考古学」編集部編

――――――沖縄・九州地方

ビロースク遺跡を発掘 沖縄県教育委員会と石垣市教育委員会は約1年半にわたって石垣市新川のビロースク遺跡を発掘調査していたが、八重山のスク（城）時代の解明に貴重な遺構・遺物が出土した。遺跡からは北と南側に野面積みの石垣2ヵ所、円形状平地住居跡2軒、台形状建物跡1棟が炉跡や排水溝を伴って出土、八重山式土器、中国製陶磁器、骨ベラ、骨銛、骨針、クロチョウ貝の貝包丁、イモ貝製円板状製品、勾玉、ガラス小玉などのほか唐や北宋時代の古銭9点が発見された。この遺跡は13世紀には石垣もなかったが、中国製陶磁器がわずかに持ち込まれ、14世紀に入って石垣が積まれ、中国製陶磁器も増大して長方形の建物が建ったとみられる。

枌洞穴の調査終了 昭和49年から9年間8次にわたって行なわれてきた別府大学、長崎大学の合同調査団による大分県下毛郡本耶馬渓町今行の枌（へぎ）洞穴発掘調査は先ごろ洞穴の東側半分を終了した。同洞穴は南向きで間口11m、奥行9m、調査では深い所で4m掘り下げた結果、人骨が縄文時代早期、前期、後期合わせて計67体（うち男性22、女性18、幼小児19、不明8）出土した。身長は後期が男性157cm、女性146cmとほぼ全国平均であったのに対し、前期と早期は出土例が少ないため比較できないが、前期の男性が162cmと極めて高い点が注目される。いずれも屈葬の形をとっていたが、後期、前期では遺体を石で覆う程度だが、早期では遺体を切断したり、骨の一部を抜き取ったりした例がみられる。また第8次調査では入口付近の最下層から縄文草創期の有舌尖頭器片（？）が出土、草創期から住居とし

て使われていたことがわかった。

支石墓108基出土 佐賀市久保泉町川久保の久保泉丸山遺跡で、古墳の移設工事と並行して古墳の墳丘下部を調査していたところ、縄文時代晩期後半から弥生時代前期にかけての支石墓108基が確認された。支石墓は素掘りの土壙が78基、土壙の底部全面または両端に敷石を置いたタイプが20基、箱式石棺・壺棺を伴うタイプがそれぞれ5基あった。土壙は長さ1.4〜1.6m、深さ70〜80cmで、長軸の方向はほぼ東西線上にあり、計画的な造営の意図がうかがえる。支石墓の上石のほとんどが約700〜900年後に築かれた古墳の石材として再利用されたり欠失したりしており、上部構造が完全なものはわずか2基にすぎなかった。支石墓の造営年代は土壙内出土や蓋石上に供献された土器からみて縄文時代晩期後半から弥生時代前期に比定される。またモミ痕が付着した夜臼式の壺形土器も検出され、わが国の稲作の開始を考えるうえで、重要な資料を提供している。調査は現在継続中で、支石墓の数はまだ増えそうである。

弥生〜古墳の住居跡200軒 県営ほ場整備事業のため福岡県教育委員会による発掘調査が行なわれていた福岡県朝倉郡夜須町東小田の七板遺跡で、弥生時代中期前半から古墳時代後期の住居跡約200軒とカメ棺53基、鉄鏃・鉄戈・鉇・ノミなどの鉄製品30点、石戈、筒型器台8点などが出土した。住居跡は大半が方形プランで、円形プランのものは10軒程度。県内でも最大規模の数となった。筒型器台は7点がカメ棺の墓域を囲む溝から、残り1点が住居跡から出土、前者は弥生時代中期前半、後者は弥生時代中期後半ごろとみられる。さらに弥生時代中期の住居跡の1軒から長さ42cmの鉄戈が出土したが、人為的にほ

ぼ直角に折り曲げられていた。土器を打ち砕くなどの祭祀と同じく、居住区域内でも何らかの祭祀が行なわれていたのではないかとみられている。

住居跡から鉄鋌出土 福岡県宗像市教育委員会が発掘調査していた宗像市久原の瀧ヶ下遺跡で、古墳時代初頭の住居跡から鉄鋌1点が発見された。住居跡12基を検出し、そのうち10基を全掘したところ、3号住居跡の床面から長さ32cm、最大幅6cmのバチ形鉄鋌が、また近くの1号住居跡から土製フイゴの羽口、7号住居跡から鉄製鉇などが出土したことから、鍛冶工人の集落と推定されている。鉄鋌は厚さ1cmあり、同時に出土した庄内式併行土器約20点から、現在のところ最古のものといえる。これまで鉄鋌が出土したのはいずれも古墳や祭祀遺跡で、工人集落からの出土は初めての例。これらの出土品がわずか数ミリの厚さであったことからみても、今回の例が鉄製品の原材料であったことを裏付けている。

――――――四国地方

前山古墳群で甲冑出土 香川県大川郡長尾町の前山古墳群発掘調査団が発掘を進めている前山古墳群中の川上古墳で、竪穴式石室から甲冑や直刀など15点が発見された。同古墳は直径15mの円墳で、長さ4m、幅1.2mの石郭内から衝角付冑と横矧板鋲留短甲、直刀、鉄斧、菱形模様を刻んだ革製品などの副葬品が出土した。5世紀中頃から末にかけての古墳とみられる。さらに昭和56年に同古墳群中の丸井古墳から出土した画文円神獣鏡（直径14cm）を奈良国立文化財研究所で鑑定した結果、3世紀の三国時代につくられた舶載鏡であることがわかった。4世紀初めの円墳とみられており、現在発掘調査が進められている。

103

学界動向

国高山古墳第2次調査　徳島考古学研究グループ（小林勝美代表）が阿南市教育委員会の依頼をうけて発掘調査を進めていた阿南市内原町成松の国高山古墳は全長55mと規模は中くらいだが、竪穴式石室は8mもあり、県内でも最長のものであることがわかった。国高山古墳は昭和38年発見され、銅鏡や石製刀子、石製勾玉、鉄製手斧、円筒埴輪片など多くの副葬品が出土している。今回の調査では銅鏡片や埴輪片などがわずかに出土しただけだったが、墳丘を発掘した結果、尾根の地山を丁寧に整形し、上段の後円部の直径が18mで全長45m、下段の後円部の直径が27mで全長55mの上下2段築成の前方後円墳であることがわかった。また後円部には砂岩の葺石が認められた。さらに後円部にある竪穴式石室は長さ8m、幅1.2〜0.8mで、石室床面に長さ7m、幅0.65mのU字型の凹地があり、割竹形木棺が据えられていたらしい。さらに床面には朱が部分的に付着していた。

―――――――――近畿地方

古墳時代の玉作跡　神戸市教育委員会は民間の倉庫建設工事に先立って市内伊川谷町の新方（しんぼう）遺跡で発掘調査を行なっていたが、碧玉、滑石の加工片が数万点余りも発見され、玉作跡であることがわかった。古墳時代中頃（5世紀後半）のもので、竪穴式製作址を中心として勾玉、管玉、臼玉などの製品数百点のほか、原材料などがあり、滑石約70％、碧玉・緑色凝灰岩約30％の比率である。遺跡のある新方から北へかけては中世の文書が伝える玉造荘に当たっており、玉作遺跡の存在が予想されていた。さらにその後の発掘で弥生時代中期のほぼ完全な人骨が発見された。1.8×0.6mの木棺におさめられた身長1.5〜1.6mの成人骨で性別は不明。屈葬だが副葬品は全くみつからなかった。また同じ土層から大量の土器・石器のほか、イヌ、シカ、イノシシなどの獣骨や炭化米が出土した。

枚方市で墳丘墓発見　大阪府枚方市文化財研究調査会が発掘調査を進めていた枚方市高塚町221の丘の上にある鷹塚山遺跡で、弥生時代終末期の墳丘墓1基と竪穴式住居跡2軒が発見された。墓は長さ8m、幅4.5m、高さ60cmに盛土した墳丘の中央部に長さ1.9m、幅40cmの木棺を置いた痕跡が認められた。副葬品としては米粒大の水晶1点と鉄製ナイフ（長さ10cm）がある。墳丘墓は近畿での発見例が少なく、古墳の前段階の1形態として興味深い。

唐古・鍵遺跡第13次調査　奈良県磯城郡田原本町教育委員会は同町唐古60—1の駐車場予定地で唐古・鍵遺跡の第13次発掘調査を進めているが、農耕具や祭祀用具が続々出土している。今回の発掘は唐古池西方の国道24号線沿いで行なわれたが、東北から南西方向に延びる溝跡12本（古墳時代1本、弥生時代前期2本、同中期4本、同後期5本）が発見され、集落を取りまいていた環濠の一部と推定された。この溝は遺跡の西限を示すとみられており、その結果、唐古・鍵遺跡の弥生集落は唐古池を中心にした直径約600mのほぼ円形だったことがわかった。出土遺物には坏部が楕円形で櫛目文を描き、口縁部に丹を塗った祭祀用とみられる高坏、火鑽臼、木製杓子、箕、土製紡錘車、完形で4点まとまって出土した石包丁、土器多数と炭化米、ウリ・モモの種、クルミ、獣骨などがある。

南原古墳は前方後方墳　全国でも最古に属す帆立貝式前方後円墳とみられていた長岡京市長法寺南原11の長法寺南原古墳が実はや新しい4世紀後半の前方後方墳であることがわかった。長岡京市教育委員会の依頼をうけた都出比呂志大阪大学助教授らの発掘調査で判明したもので、半壊状態の同墳から石室部、排水溝、鰭付円筒埴輪片約200点を発見し、後方部北斜面、東斜面、前方部北半分を確認した。その結果、前期の360〜370年ごろの古墳で、全長60m、後方部幅40m、前方部幅20mで、後方部は3段、前方部は2段に築成され、葺石は施されていなかった。同墳は昭和9年に石室が露出し、三角縁神獣鏡4枚などが出土している。

四隅突出型古墳を発掘　京都府熊野郡久美浜町教育委員会は京都府教育委員会の指導をえて、同町品田の権現山古墳を発掘調査していたが、同古墳が一辺50mの方墳部に約8m（幅2〜3m）の突き出しをもつ四隅突出型古墳である可能性が強くなった。権現山古墳は昭和56年春の第1次調査で4世紀末〜5世紀の古墳主体部2基と経塚などを発見し、57年に第2次調査を進めていた。今回の調査では新たに古墳主体部5基と墓または経塚などを含む遺構18基が発見されたが、遺物としては鼓形器台などもみつかり、注目された。なお一辺50mの方墳は府内では最大規模のもの。

平安期の人形　滋賀県栗田郡栗東町下鈎の下鈎遺跡の発掘調査を進めていた栗東町文化体育振興事業団は先ごろ、平安時代ごろのものと推定される人形3点を発見した。この人形は同遺跡西側の深さ20〜30cmの溝内から出土したもので、長さ約60cm、幅5.5cm、厚さ5mmの木製。顔や口に墨跡などはなかった。人形は県内では高島町の鴨遺跡と守山市の服部遺跡から各1点出土しているだけで、人形のほか墨書土器も1点出土した。同遺跡は一般の集落跡で

はなく公的な地域か，あるいは奈良時代創建と伝えられる蓮台寺の存在が近くに知られることから，同寺との関連も考えられる。

奈良時代の斎宮跡を発見　三重県多気郡明和町の国史跡・斎宮跡で三重県斎宮跡調査事務所による発掘調査が進められているが，先ごろ「美濃」と産地を押印した奈良時代前期の須恵器片が発見された。出土したのは同町斎宮字出在家で，奈良時代の斎宮は平安時代に比べ西方に位置していたと推測されていたが，この須恵器の発見により一層可能性が強まった。須恵器は復元高4cm，同口径14.5cmの坏の底部に「美濃」と押印されたもので，「濃」の字の「曲」部分の中の横線が1本多いのが特徴。同一字体の押印のある須恵器は岐阜市芥見の美濃須衛古窯群中の2つの窯で8世紀初めに造られた。同じ物は全国36例中産地を除くと5例しかなく，しかも平城宮跡と斎宮跡に限られている。今回の出土で斎宮は奈良時代には斎宮跡推定地域の西端部に位置していたが，平安時代になって東の方へ移ったとみられる。

―――――――中部地方

鳥浜貝塚第7次調査　福井県教育委員会が第7次発掘調査を進めている三方郡三方町の鳥浜貝塚で縄文時代前期の層から丸木舟と柄のついたヤスなどが発見された。舟は長さ3.8m，幅50cmで，舟尾から舟首にかけての舟底部分。この舟の特徴は舟体の内側に沿って肋骨を思わせる高さ，幅とも5cmの突起があることで，現代の船のように船体の強度を増すためのものとみられる。またヤスの柄は木製で現長3cm。長さ10.4cmの骨製のヤス先についていた。取り付け法は柄の中心に穴をあけ，ヤス先を3分の1差し込んだ形で，接着剤として天然タールらし

いものが使われていた。さらに木器の一部と思われる長さ32.5cmの木片は全体に赤の漆が塗られ，黒の漆で刷毛目模様が描かれている。出土品は昭和57年10月1日にオープンした小浜市遠敷の県立若狭歴史民俗資料館に収蔵されている。

縄文の巨大木柱根など出土　石川県鳳至郡能都町教育委員会はほ場整備事業に伴う同町真脇の真脇遺跡を発掘調査中であるが，縄文時代前期後葉から同晩期末に至る生活面がみごとな層序ぶりをみせており，数多くの遺構・遺物が出土している。遺物の中には硬玉製管状玉，中期中葉古府式期の住居址付近に立てられたまま出土した大型石棒，工字文を刻み朱をさした小型石棒，御物石器3点，石冠5点，土偶4体などの呪具が含まれていた。また直径88cmの半折された巨大木柱根が発見され，特殊遺構ではないかと注目を集めた。さらにイルカ・サメなどの多量の骨やクルミ・トチなどの木の実も出土しており，縄文人の食生活を示す好資料を提供している。

八稜鏡4枚出土　茅野有料道路（山ノ手線）建設に伴い発掘調査が行なわれていた茅野市塚原の阿弥陀堂遺跡で平安時代末期の八稜鏡が4枚発見された。鏡は溝状遺構から1枚と住居址覆土中より3枚が出土した。とくに覆土中のものは3枚が重なり合って原形12×14cmの板の上に乗った状態で検出された。鏡の直径は上から8.5cm，7.8cm，10.8cmで，真中のものが白銅製の他は銅製かと思われる。同遺跡からは縄文時代中期，弥生時代後期，平安時代の住居址34軒と掘立柱の建築址2棟，長方形集石遺構，土器，刻書のある灰釉陶器耳皿，宋銭などが出土し，縄文時代から平安時代にわたる遺跡であることがわかった。

縄文晩期の配石遺構　山梨県都

留市朝日馬場の市立旭小学校敷地内にある尾咲原遺跡で，プール新設工事に伴う緊急調査が都留市教育委員会によって行なわれ，直径約25mのドーナツ状に累々と構築された配石遺構が発見された。同遺跡からは住居跡が1軒もみつかっていないが，これは調査範囲が限定されているためとみられる。出土した遺物は縄文晩期土器，土偶片，耳飾などで，土器は清水天王山式。時期的には昭和55年，北巨摩郡大泉村でみつかった大配石遺構の金生遺跡とほぼ同時期のもの。

―――――――関東地方

病魔祓いの墨書人面土器　千葉県文化財センターが昭和57年1月発掘した八千代市萱田字権現後の権現後遺跡の住居跡から出土した土器が墨書人面土器であることが奈良国立文化財研究所の調査で判明した。赤外線を使って調べたところ，「村神郷丈部國依甘魚」という9文字と，その反対側に悪霊の顔とみられる眉，目，口，ヒゲなどが墨で書かれていることがわかった。口径15.7cmの坏で，9世紀中頃のものとみられる。「村神郷」は現在の八千代市村上付近の地名をさすとみられ，「丈部國依」という人物が病気になったため，その回復を祈って名前を書いた土器を悪霊に献じた祭祀品らしい。また同遺跡から約500m離れた同市萱田字北海道の北海道遺跡からみつかった坏形土器（8世紀末）にも人面こそなかったが「丈部乙刀自女形代」の8文字が書かれていた。墨書人面土器は伊場遺跡などからの出土例があるが，これらは川底や溝からの出土で，今回のように一般民衆の住居跡から出土したのは初めて。

帆立貝式の大塚古墳　帆立貝式古墳としては全国的にも大規模な茨城県鹿島郡鹿島町宮中野の大塚

105

学界動向

古墳で，鹿島町教育委員会と明治大学考古学研究室による発掘調査が行なわれ，築造年代は当初の年代より約1世紀新しい6世紀後半代のものであることがわかった。大塚古墳は直径約80mの後円部に長さ約10m，幅約25mの低平な前方部がついたもので全長90mを測る。後円部は3段築成で高さは約7m。主体部は前方部のほぼ主軸上にあり，横6m，縦3.5m，高さ約1.5mの土壙内に構築した横穴式石室で，石室が横に長く，しかも入口が角についている特徴をもつことから「横口式石槨」ともよぶべきものであることがわかった。また石室の天井石と側壁は約10cm大の大きさにまで粉々に砕かれ，土壙内に埋設し，その上を厚さ50cmに片岩層で密封するという異常さで，その時期は7～8世紀ごろとみられる。なお，副葬品としては金・銀メッキされた金環や刀の鞘の金具片など約200点が発見された。

後期古墳から馬鐸 （財）栃木県文化振興事業団が発掘を進めている下都賀郡石橋町細谷の星の宮神社古墳で馬鐸3点がセットで出土した。大きさは高さ15cm，上部幅5cm，下部幅9cmで，うち1点には舌も付いていた。同古墳の調査は国道352号線の拡幅工事で星の宮神社の台地が削られることになったため行なわれたもので，調査の結果，直径約60mの円墳で，長さ7.5mの横穴式石室を伴うことがわかった。遺物としては土師器，須恵器提瓶，円筒・形象埴輪片，ガラス玉約30点，管玉3点，棗玉8点，銅製腕輪2点，耳環3点，直刀1点，刀子2点，矛1点，鉄鏃約25点，それに馬具類では馬鐸のほか雲珠1点，辻金具3点，鉸具3点，くつわ2組が出土，玄室の奥からは人間の歯も発見された。

弥生人骨3体出土 群馬県多野郡万場町青梨の岩津保洞窟で7月20日～8月20日，武蔵野美術大学考古学研究会岩津保洞窟遺跡発掘調査団（代表・今村啓爾東大考古学研究室助手）による第2次発掘調査が行なわれた結果，洞窟の向って左奥部分から3体の人骨が上下に折り重なるようにして頭を南東に向けた屈葬で発見された。最深部の人骨は現場所見では女性（?）で30～40歳前後，身長150～155cm。真中は4～5歳の小児，最上部は20歳前後の女性で，身長155cmくらい。最深部の人骨は下顎の中切歯2本を，最上部の女性も下顎左1，2切歯（右は不明）を抜歯されていた。また両成人骨の胸のあたりには現在八丈島以南にしか分布しないとされるオオツタノハで作られた貝輪が合計20個置かれていた。さらに骨の上には20～30cmの石が5～6個積まれ，この上にシカの角が1個おかれ，弥生時代中期の野沢I式土器1個体分の破片が散乱していた。この上で火が燃やされたため人骨の一部は黒く焦げており，そのあとで墓壙が埋めもどされている。この3体とは別に弥生時代人骨3体と縄文早期の乳児の骨1体がみつかっている。岩津保洞窟は縄文草創期から弥生中期にわたる重層遺跡で，このほか土器，石器，骨角器，動物骨，装飾品など1次，2次の調査で合せて約3,500点が出土している。弥生時代の東日本における人骨の発見例はほとんどが再葬墓からのものであるため，完全な形の人骨出土例は非常に珍しい。

―――――――東北地方

本屋敷古墳群は4世紀末の築造 福島県双葉郡浪江町北幾世橋にある本屋敷古墳群は東北最古とされる会津若松市の大塚山古墳とほぼ同じ4世紀末に構築されていることがわかった。同古墳群は請戸川を南に臨む標高20mの丘陵地にあり，盟主墳の前方後方墳（1号墳）1基，方墳1基，円墳2基から成っている。調査は法政大学が主体となり同大学考古学研究室によって行なわれ，今回は第2次調査。これまでの調査の結果，1号墳は長さ36m，前方部幅は15mで整った形態をもつが，周堀は不整形で，墳丘も削り出しで裾を整えていたことがわかった。また主体部として後方部に割竹形木棺，前方部に箱式石棺が検出され，周堀からは坩，複合口縁の壺，S字状口縁の甕などが出土，西からの影響が強くうかがえる。

ひらがな文木簡出土 岩手県紫波郡紫波町教育委員会が同町南日詰字箱清水の赤石小学校そばで進めている比爪館（樋爪館）の第6次発掘調査で井戸跡から木簡が出土，その後の調査で漢字混じりのひらがな文木簡であることがわかった。木簡は長さ25.7cm，幅1.8cmでほぼ完形。表は「上|万|□□□|ち|つよく□|か|□」と読めるが，裏の文字は不明。木簡の腐食が激しいため，不明文字の解読には時間がかかりそう。井戸跡は竪穴住居跡3棟に隣接して発掘された。住居跡は平安時代後期と確認されているが，井戸跡からは平安後期の土器片と青磁の破片各1点が出土しただけで，木簡の年代は平安後期か中世期以降のものかは確定できない。『吾妻鏡』にも記されている比爪館は平泉藤原氏の分族である比爪氏が築いた居館で文治5年（1189）頼朝軍に滅ぼされたとされている。

―――――――北海道地方

続縄文の漆塗り弓 石狩支庁石狩町花川の花川南小学校南側に広がる砂丘地帯にある紅葉山33号遺跡で，石狩町教育委員会による発掘調査が行なわれ，続縄文時代の漆塗り弓が発見された。同遺跡

では墳墓 39 基が出土し、弓はその一つからみつかった。長さ約 1.2m で 2 カ所で折れているもののほぼ原形がわかり、何重かに塗られた朱漆の上に、11 カ所にわたって糸を巻いた部分に黒漆、生漆で描かれた文様が鮮明に残っている。また糸をきっちり巻いているところから、合せ弓である可能性もある。木の種類は不明。弓のほか、石鏃、碧玉製細形管玉、石・骨製の環、木棺様の埋葬施設なども発見された。

縄文期の環濠 苫小牧東部工業基地内で発掘調査が進められている静川 16 遺跡で、縄文時代中期末の住居跡のある台地を取り囲む溝が発見された。同遺跡は苫小牧市教育委員会が調査を行なったもので、22 遺跡の北東側に位置し、大きく 2 つに分かれた台地（A，B 地点）から成る。溝のある台地（A 地点）は先端に 2 軒の住居跡しかなく、溝は台地のへりに沿ってほぼ環状にめぐっている。溝の長さは 130m に及び、上幅 2.0～3.0m、底幅 20～50cm、深さ 1.0～1.8m の断面 V 字形をなし、3 カ所に幅 1.0m の渡り道が残されていた。柵跡のようなものはみつかっていない。環濠のある台地上には環濠内域に住居跡が 2 軒しかなく、隣りの台地に集落が形成されていることも特徴。弥生時代には環濠集落が存在するが、縄文時代のものは例がない。

───────学会・研究会ほか

国史跡に新しく 7 件指定 文化財保護審議会（小林行雄会長）は 10 月 22 日、国の史跡として新しく 7 件を指定するよう小川文部大臣に答申した。

○女堀（前橋市富田，二の宮，飯土井，東大室各町，佐波郡赤堀村）延長約 12km の巨大な用水遺構で、平安末期から南北朝期の間に開削されたとみられる。

○小瀬ヶ沢洞窟（新潟県東蒲原郡上川村）隆線文土器、爪形文土器などを出土。

○青塚古墳（愛知県犬山市青塚）全長 119m の中期の前方後円墳で県下最大。

○千歳車塚古墳（京都府亀岡市千歳町）全長 80m の中期の前方後円墳。

○阿武山古墳（大阪府高槻市奈佐原，茨木市安威）古墳時代末期のもので、花崗岩製の石室の中から乾漆棺が発見された。

○茅原大墓古墳（奈良県桜井市茅原）中期の帆立貝式古墳。

○安永田遺跡（佐賀県鳥栖市柚比町）九州で初めて銅鐸鋳型片を出土した弥生中期の遺跡。

日本考古学協会昭和 57 年度大会 11 月 6 日（土）～8 日（月）にかけて同志社大学新町学舎などを会場に開催された。本年度の統一テーマは「考古学と年代」で、講演と特定研究発表が行なわれた。第 1 日目は午後より公開講演会が開催され、小野忠熙広島大学教授の「考古学と年代研究」、岸俊男京都大学教授の「記紀と年代観」が約 600 名の聴衆のもとに演ぜられた。第 2 日目は終日にわたって総合司会：森浩一、司会：石野博信・堀田啓一・杉本憲司氏により次の 15 名の発表があった。

三崎山遺跡と青銅刀…川崎利夫
城岳貝塚と明刀銭……高宮広衛
種子島広田遺跡の貝札とその問題………………………金関 恕
銅剣からみた弥生文化
　　　　　　………岡内三真
朝鮮半島の無文土器と弥生土器
　　　　　　………後藤 直
有柄式磨製石剣・磨製石鏃よりみた朝鮮と日本………下條信行
銭貨と年代──とくに王莽銭について…………………菅谷文則
新山古墳出土帯金具の検討
　　　　　　………千賀 久
尺度からみた日本の古墳──尋

と尺の接点をめぐって…宮川 徙
朝鮮半島の蓮華文と古墳文化
　　　　　　………北野耕平
伽耶土器の地域色と年代
　　　　　　………定森秀夫
新羅の陶質土器と須恵器
　　　　　　………八賀 晋
百済の陶質土器と日本の古墳文化…………………小田富士雄
日本書紀にあらわれた大和の寺院と土器……………泉森 皎
紀年木簡と土器の年代
　　　　　　………西 弘海

第 3 日目は元興寺文化財研究所保存科学研究室（生駒市）の見学会が行なわれ、同室の増沢文武氏らによって説明がなされた。次の第 49 回総会は 4 月 30 日（土）～5 月 2 日（月）、明治大学で開催の予定。

鹿児島県考古学会秋季大会 10 月 17 日（日）鹿児島県大島郡笠利町の町歴史民俗資料館において開催された。発表は次の通り。

奄美大島における小規模遺跡について……………………中山清美
志布志町小牧古墳について
　　　　　　………瀬戸口望
沖永良部島中甫洞穴の爪形文土器について…………河口貞徳
沖永良部島スセン當貝塚の発掘調査概要…………上村俊雄
曽畑式土器について…中村 愿

　　　◇　　　◇

野口義麿氏 肺ガンおよび転移性食道ガンのため、昭和 57 年 10 月 28 日逝去された。享年 53 歳。東京国立博物館考古課先史室長。慶応義塾大学文学部卒業後、東京国立博物館から文化庁記念物課、同美術工芸課をへて再度東京国立博物館勤務。土偶、縄文土器の研究に力を注ぎ、また石器時代研究会の幹事としても活躍された。主著・論文に「いわゆる遮光器土偶の変遷」（『ミュージアム』109，1960）、「信仰」（『日本の考古学II』1965）、『土偶芸術と信仰』（共，古代史発掘 3，1974）などがある。

■ 第3号予告 ■

特集・古墳築造の謎を解剖する

1983年4月20日発行
総108頁　　1,500円

古墳の築造と技術……………………大塚　初重

古墳築造の企画と設計
　墓地の選定と墳形の選択………網干　善教
　前方後円墳の設計と尺度………宮川　　徙

巨大古墳の築造技術
　誉田山・大山古墳の特徴と土木技術上の分
　析………………………………堀田　啓一
　土木工学上からみた巨大古墳…上田　耕治
　封土の積み方と葺石の敷き方…泉森　　皎
　埴輪の製作と配列の方法………大塚　初重

石棺の製作と石室の構築
　石材の供給と石棺の製作技術…間壁　忠彦
　横穴式石室構築の技術

……………………梅沢重昭・桜場一寿
横穴墓構築の技術………………小林　三郎
巨石の切り出し技術……………奥田　　尚
巨石運搬の技術…………………北垣聰一郎
横穴式石室の構造………………矢野　和之

古墳築造技術者と労役者集団
　技術者の役割と集団の組織……遠藤　元男
古墳築造にかかわる祭祀儀礼……白石太一郎

<講座>古墳時代史III……………石野　博信
　考古学と周辺科学III……小沢　一雅
<調査報告>長瀬高浜遺跡／有馬遺跡
<書評><論文展望><文献><学界動向>

編集室より

◆原初的人間の生活においては，神はとくにその中枢にあった。というよりも人間は神（アニミズム）にかかわることでしか，その存在を主張できなかった。自然の脅威，自然の恩恵はまだ科学性をもたなかった原始人にとっては，その生活のすべてであったからである。したがって考古学にとっても，それを知ることがその時代の文化様態把握の重要な契機になる。また科学の発達につれて，逆に非科学的人間様態の部分が明らかになり，教義宗教が生まれた。またそれが文化を推進する。だから本号のテ

ーマは今後の重要な課題のひとつといえよう。　（芳賀）

◆本号でも多くの方々が触れているように，道教が日本文化に占める割合は想像以上のものがある。福永光司氏の『道教と日本文化』によると，二種の神器たる鏡と剣，八角墳，種々の宮廷行事に道教の強い影響がうかがわれるという。さらに最近開催されたシンポジウムでは山尾幸久氏が七支刀を道教の儀器と解釈されている。仏教一色とされてきた日本の古代文化の中には道教的なものが多く沈澱しており，今後研究の進展に伴って道教に関する考古資料はますます増えてくるにちがいない。　（宮島）

本号の編集協力者——坂詰秀一（立正大学教授）
1936年東京都生まれ，立正大学卒業。「シンポジウム歴史時代の考古学」「仏教考古学序説」「歴史考古学の構想と展開」「仏教考古学調査法」などの編・著がある。

■ 本号の表紙 ■

　飛鳥三大寺に挙げられる川原寺裏山の板蓋神社境内地の一画で焼失した川原寺の仏像，仏具などを埋納したと思われる遺構を発掘調査した。出土遺物としては多量の方形三尊塼仏をはじめ塑像，緑釉塼のほか若干の仏具の推定されるものがあった。

　塑像は巨像の部分と思われるものから，小形の塔本塑像のようなものまであったが，そのうちの1点に表紙に挙げたような頭部の完形品が出土した。面相からみて天部像と考えられる。

　スサ混りの粘土の上に上質の胎土を塗り上げて作られたもので，奈良前期ないしは奈良時代の造顕と考えてよい。
　　　　　　　　　　　　　　　　（網干善教）

〔訂正〕　創刊号カラー口絵1頁目下の写真，鹿角製刺
　　　　突具の番号5は6に，6は5に訂正します。

▶ 本誌直接購読のご案内 ◀

『季刊 考古学』は一般書店の店頭で販売しております。なるべくお近くの書店で予約購読なさることをおすすめしますが，とくに手に入りにくいときには当社へ直接お申し込み下さい。その場合，1年分 6,000円（4冊，送料は当社負担）を郵便振替（東京3-1685）または現金書留にて，住所，氏名および『季刊 考古学』第何号より第何号までと明記の上当社営業部までご送金下さい。

季刊 考古学　第2号　　　1983年2月1日発行
ARCHAEOLOGY　QUARTERLY　　定価 1,500円

編集人　芳賀章内
発行人　長坂一雄
印刷所　新日本印刷株式会社
発行所　雄山閣出版株式会社
　〒102　東京都千代田区富士見 2-6-9
　電話　03-262-3231　　振替　東京 3-1685
◆本誌記事の無断転載は固くおことわりします
ISBN 4-639-00221-1　　printed in Japan

季刊 考古学　オンデマンド版　第2号　1983年2月1日　初版発行
ARCHAEOROGY　QUARTERLY　　　　　　2018年6月10日　オンデマンド版発行
　　　　　　　　　　　　　　　　　　　　定価（本体 2,400 円＋税）

　　　　　　　編集人　　芳賀章内
　　　　　　　発行人　　宮田哲男
　　　　　　　印刷所　　石川特殊特急製本株式会社
　　　　　　　発行所　　株式会社　雄山閣　http://www.yuzankaku.co.jp
　　　　　　　　　　　〒102-0071　東京都千代田区富士見 2-6-9
　　　　　　　　　　　電話 03-3262-3231　FAX 03-3262-6938　振替　00130-5-1685

◆本誌記事の無断転載は固くおことわりします　　ISBN 978-4-639-13002-4　Printed in Japan

初期バックナンバー、待望の復刻!!
季刊 考古学 OD　創刊号〜第 50 号〈第一期〉
全 50 冊セット定価（本体 120,000 円＋税）　セット ISBN：978-4-639-10532-9
各巻分売可　各巻定価（本体 2,400 円＋税）

号　数	刊行年	特集名	編　者	ISBN（978-4-639-）
創刊号	1982 年 10 月	縄文人は何を食べたか	渡辺 誠	13001-7
第 2 号	1983 年 1 月	神々と仏を考古学する	坂詰 秀一	13002-4
第 3 号	1983 年 4 月	古墳の謎を解剖する	大塚 初重	13003-1
第 4 号	1983 年 7 月	日本旧石器人の生活と技術	加藤 晋平	13004-8
第 5 号	1983 年 10 月	装身の考古学	町田 章・春成秀爾	13005-5
第 6 号	1984 年 1 月	邪馬台国を考古学する	西谷 正	13006-2
第 7 号	1984 年 4 月	縄文人のムラとくらし	林 謙作	13007-9
第 8 号	1984 年 7 月	古代日本の鉄を科学する	佐々木 稔	13008-6
第 9 号	1984 年 10 月	墳墓の形態とその思想	坂詰 秀一	13009-3
第 10 号	1985 年 1 月	古墳の編年を総括する	石野 博信	13010-9
第 11 号	1985 年 4 月	動物の骨が語る世界	金子 浩昌	13011-6
第 12 号	1985 年 7 月	縄文時代のものと文化の交流	戸沢 充則	13012-3
第 13 号	1985 年 10 月	江戸時代を掘る	加藤 晋平・古泉 弘	13013-0
第 14 号	1986 年 1 月	弥生人は何を食べたか	甲元 真之	13014-7
第 15 号	1986 年 4 月	日本海をめぐる環境と考古学	安田 喜憲	13015-4
第 16 号	1986 年 7 月	古墳時代の社会と変革	岩崎 卓也	13016-1
第 17 号	1986 年 10 月	縄文土器の編年	小林 達雄	13017-8
第 18 号	1987 年 1 月	考古学と出土文字	坂詰 秀一	13018-5
第 19 号	1987 年 4 月	弥生土器は語る	工楽 善通	13019-2
第 20 号	1987 年 7 月	埴輪をめぐる古墳社会	水野 正好	13020-8
第 21 号	1987 年 10 月	縄文文化の地域性	林 謙作	13021-5
第 22 号	1988 年 1 月	古代の都城―飛鳥から平安京まで	町田 章	13022-2
第 23 号	1988 年 4 月	縄文と弥生を比較する	乙益 重隆	13023-9
第 24 号	1988 年 7 月	土器からよむ古墳社会	中村 浩・望月幹夫	13024-6
第 25 号	1988 年 10 月	縄文・弥生の漁撈文化	渡辺 誠	13025-3
第 26 号	1989 年 1 月	戦国考古学のイメージ	坂詰 秀一	13026-0
第 27 号	1989 年 4 月	青銅器と弥生社会	西谷 正	13027-7
第 28 号	1989 年 7 月	古墳には何が副葬されたか	泉森 皎	13028-4
第 29 号	1989 年 10 月	旧石器時代の東アジアと日本	加藤 晋平	13029-1
第 30 号	1990 年 1 月	縄文土偶の世界	小林 達雄	13030-7
第 31 号	1990 年 4 月	環濠集落とクニのおこり	原口 正三	13031-4
第 32 号	1990 年 7 月	古代の住居―縄文から古墳へ	宮本 長二郎・工楽 善通	13032-1
第 33 号	1990 年 10 月	古墳時代の日本と中国・朝鮮	岩崎 卓也・中山 清隆	13033-8
第 34 号	1991 年 1 月	古代仏教の考古学	坂詰 秀一・森 郁夫	13034-5
第 35 号	1991 年 4 月	石器と人類の歴史	戸沢 充則	13035-2
第 36 号	1991 年 7 月	古代の豪族居館	小笠原 好彦・阿部 義平	13036-9
第 37 号	1991 年 10 月	稲作農耕と弥生文化	工楽 善通	13037-6
第 38 号	1992 年 1 月	アジアのなかの縄文文化	西谷 正・木村 幾多郎	13038-3
第 39 号	1992 年 4 月	中世を考古学する	坂詰 秀一	13039-0
第 40 号	1992 年 7 月	古墳の形の謎を解く	石野 博信	13040-6
第 41 号	1992 年 10 月	貝塚が語る縄文文化	岡村 道雄	13041-3
第 42 号	1993 年 1 月	須恵器の編年とその時代	中村 浩	13042-0
第 43 号	1993 年 4 月	鏡の語る古代史	高倉 洋彰・車崎 正彦	13043-7
第 44 号	1993 年 7 月	縄文時代の家と集落	小林 達雄	13044-4
第 45 号	1993 年 10 月	横穴式石室の世界	河上 邦彦	13045-1
第 46 号	1994 年 1 月	古代の道と考古学	木下 良・坂詰 秀一	13046-8
第 47 号	1994 年 4 月	先史時代の木工文化	工楽 善通・黒崎 直	13047-5
第 48 号	1994 年 7 月	縄文社会と土器	小林 達雄	13048-2
第 49 号	1994 年 10 月	平安京跡発掘	江谷 寛・坂詰 秀一	13049-9
第 50 号	1995 年 1 月	縄文時代の新展開	渡辺 誠	13050-5

※「季刊 考古学 OD」は初版を底本とし、広告頁のみを除いてその他は原本そのままに復刻しております。初版との内容の差違は
　　ございません。

「季刊 考古学　OD」は全国の一般書店にて販売しております。なるべくお近くの書店でご注文なさることをおすすめしますが、とくに手に入り
にくいときには当社へ直接お申込みください。